insel taschenbuch 4845

Murielle Rousseau

Die Cafés von Paris

Paris und seine Cafés – die Pariserin Murielle Rousseau nimmt Sie mit in ihre Lieblingscafés der Stadt. Vom Café de Flore über das Café Marly im Louvre, das Deux Moulins im Montmartre bis zur Brasserie Lipp: Sowohl die kleinen, mit einfachen Holztischen ausgestatteten Bistros um die Ecke als auch die traditionellen und interessanten Cafés, in denen sich seit je Kultur und Alltag begegnen, sind untrennbar mit dem Leben und dem Flair der Stadt verbunden.

Murielle Rousseau entführt die Leserinnen und Leser in die schönsten und einzigartigsten Cafés ihrer Heimatstadt und erzählt auf besondere, charmante und sehr französische Art zahlreiche Café-Geschichten der Vergangenheit und Gegenwart. Ein lebendiges Porträt der traditionellen und modernen Pariser Caféhaus-Tradition.

Murielle Rousseau, geboren 1966 bei Paris, hat an der Sorbonne und in Freiburg Sprachen und Literatur studiert. 1995 machte sie sich mit einer eigenen Agentur für Presse und Öffentlichkeitsarbeit selbstständig. Seit 2007 ist sie auch als Autorin erfolgreich und erhielt für ihre literarischen Kochbücher u. a. den Gourmand Cookbook Award.

Marie Preaud, geboren in Nantua, Frankreich, wurde für ihre Fotografien vielfach ausgezeichnet. Ihre Arbeiten werden international ausgestellt. Sie lebt mit ihrer Familie in Frankfurt am Main.

Im insel taschenbuch liegen außerdem vor: *Savoir-vivre. Leben wie eine Französin* (it 4598) und *Die Gärten von Paris* (it 4776).

MURIELLE ROUSSEAU

Die Cafés von Paris

Mit Fotografien von Marie Preaud

INSEL VERLAG

Klimaneutral
Druckprodukt
ClimatePartner.com/14438-2110-1001

3. Auflage 2023

Erste Auflage 2021
insel taschenbuch 4845

Umschlag: Rothfos & Gabler, Hamburg
Umschlagfoto: Marie Preaud, Frankfurt am Main
Karte: Peter Palm, Berlin
Druck: CPI books GmbH, Leck
Printed in Germany
ISBN 978-3-458-68145-8

www.insel-verlag.de

INHALT

Vorwort

Erstes Arrondissement

Wie der Eisvogel in seinen grünschimmernden Fluss – die grün-gelbe Szenerie des *bistrot-théâtre*: Bar de l'Entracte ... 17

Im Stil Napoleons III.: Café Marly ... 22

Hundeporträts überall: Au Chien qui fume ... 26

Rosé-Champagner für frisch Verlobte: Café Le Nemours ... 31

Einen Wodka Martini für Bond : Bar Hemingway & Salon Proust im Ritz ... 36

Mit Coco auf ein *chocolat africain*: Café Angelina ... 41

Im Garten des Palais Royal: Café Kitsuné ... 44

In Erinnerung an den Erfinder des Buchdruckes: L'Imprimerie ... 48

Japanische Café-Bäckerei: Aki Boulanger ... 53

Zweites Arrondissement

Käse, Wein und Crème brûlée in der schönsten Galerie von Paris: Bistrot Vivienne ... 55

Wo Balzac sich beim Austernessen seine Inspiration holte: Au Rocher de Cancale ... 59

Ein Café mitten am Markt: Le Café du Centre ... 64

Sank Roo Doe Noo: Le Harry's New York Bar ... 69

Himmelzarte Café-Pâtisserie am Standort eines alten Klosters: Moulin de la Vierge & Bar du Moulin ... 73

Drittes Arrondissement

Art déco an der place des Vosges: Carette ... 75
Kleinstes Café von Paris in einer alten Schuhwerkstatt: Boot Café ... 80
Bar-tabac zum hartnäckigen Ignorieren des Rauchverbots: Le Progrès ... 85

Viertes Arrondissement

Émilie bei der Fashionweek im Ambiente des 19. Jahrhunderts: Chez Julien ... 89
Liebesgeschichte an der place du Châtelet: Le Sarah Bernhardt ... 93
Lachs, Rosé und *people watching* bis zur blauen Stunde: Le Saint-Régis ... 97
Bohème- und Künstlercafé am Ufer der Seine: L'Ébouillanté ... 101

Fünftes Arrondissement

Kamillen-Rosenknospentee im Bücherbohème-Café: Café Shakespeare & Company ... 105

Sechstes Arrondissement

Laisser-faire und *laisser-vivre* inmitten des Beaux-Arts-Viertels: La Palette ... 110
Feiner Jazz zu später Stunde in legendärer Kulisse: Les Deux Magots ... 114

Elsässische *choucroute* und pikante Unterhaltungen: Brasserie Lipp ... 119
Über Literatur philosophieren mit Gallimard: Café de Flore ... 125
Kiki de Montparnasse, Schönheitsikone von Malern und Fotografen: Café de La Rotonde ... 130
Tausend Fliederbüsche und rauschende Bälle: La Closerie des Lilas ... 134
Samtbezogene, elegante Jazzhöhle: Café Laurent ... 139
Französische Chansons und *chocolat à l'ancienne*: Le Select ... 142
Wie der Bug eines großen Schiffes: Le Balto ... 147
Ein *citron pressé* mit Glockengeläut und Vogelgezwitscher: Café des Beaux Arts ... 152
Joseph Roth an der handziselierten Zinktheke: Café Tournon ... 156
Das erste Pariser Café: Le Procope ... 161
Eine einstige Künstlerkneipe, ein bisschen *vieillot*: Café Fleurus ... 165

Siebtes Arrondissement

Das Café in der fünf Meter hohen Bahnhofsuhr: Café Campana ... 168

Achtes Arrondissement

Kaffeeklatsch mit Freundinnen unter Bananenbäumen und Palmen: Café du Petit Palais ... 172
Abschiedscafé an den Champs-Élysées: Le Fouquet's ... 177

Anne und Aimée beim Tee im Palast: Le Café Jacquemart-André ... 181

Neuntes Arrondissement

Die ganze Nacht im Café: So ist Paris am schönsten: Le Grand Café ... 184
Philosophengespräche im ehemaligen Impressionistencafé: Café de la nouvelle Athène ... 189
Mit Blick auf den goldenen Engel auf dem Operndach der Opéra Garnier: Café de la Paix ... 191

Zehntes Arrondissement

Tee-Apéro mit Blick auf einen der vier Arcs de Triomphe: L'Amour vâche & Bouillon Julien ... 196
Legendärer Einkehrort für die Gare de l'Est: Café de l'Est ... 201
In eine der berühmtesten *maisons closes* des 19. Jahrhunderts: Delaville Café (ehemals Le Marguery) ... 205

Elftes Arrondissement

Ein Eckcafé mit einem Interieur als *monument historique*: Le Bistrot du Peintre (ehemals Le Saumur) ... 209

Zwölftes Arrondissement

Leidenschaftliche Affäre: Le Train Bleu ... 214

Vierzehntes Arrondissement

Trinité française mit auvergnatischem Einschlag: Maison Péret ... 220
Ein Lammcurry für zwei Jean-Pauls: La Coupole ... 224

Fünfzehntes Arrondissement

Der Duft des Baskenlandes unweit des Eiffelturms: Au Dernier Métro & Au Moka ... 229

Achtzehntes Arrondissement

Gesprächsfetzen der Cafés von Montmartre: Le Progrès & Café des Deux Moulins & La Maison Rose ... 233
Yves' und Margories Donnerstagnachmittage in den Gärten des Montmartre: Café Renoir ... 238

Und zum Schluss:

Eine der besten Tartes ... 241

Anhang

Danksagung ... 247
Register ... 249
Legende ... 251
Karte ... 252

Die Cafés von Paris

VORWORT

FÜR AMANDINE UND JOËL

»Café, un garçon s'il vous plaît!«
Jean-Paul Sartre

»Paris ist immer eine gute Idee.«
Audrey Hepburn

Was wäre Paris ohne seine Cafés? Dem einfachen kleinen, direkt um die Ecke, mit der großen Kaffeemaschine auf dem Tresen, den karierten Papiertischdecken und den klassischen dunklen Bistrostühlen? Dem legendären aus den Stadtführern, in dem Historisches geschah, Literatur geschrieben wurde, wo Musik auf Kabarett, Kunst auf Kulinarisches traf? Im 17. Jahrhundert begann die Geschichte der Pariser Cafés – seitdem ist die Stadt ohne sie nicht mehr denkbar. Auch für mich als gebürtige Pariserin gehören sie zu meiner Heimatstadt einfach dazu.

Café de Flore, Café Charbon, Le Procope, Café de Foy, Café de la Paix, Les Deux Magots, Café Marly im Louvre, Café des Deux Moulins im Montmartre oder die Brasserie Lipp: Berühmte Pariser Cafés wecken Nostalgie bei jedem Pariser, bei jedem Besucher – sind sie doch untrennbar mit der Geschichte der Stadt verbunden und immer noch integraler Bestandteil des heutigen Pariser Lebens.

Denn dem in ganz Frankreich zu bedauernden Bistrosterben konnten sie erfolgreich trotzen: Jedes Jahr verliert die *Grande Nation*, in der es heute 35.000 Cafés gibt, gut 1000 von ihnen – und seit der Pandemie werden es zunehmend mehr. Aber vor allem Paris und die Île-de-France geben zu hoffen, denn hier entstehen vermehrt auch neue, ungewöhnliche Formen des alten *bistro* – dessen Bezeichnung übrigens vom russischen Wort für »schnell« stammen soll, nach dem russische Soldaten zur Zeit der Befreiungskriege gegen Napoleon »bystro, bystro!« riefen, wenn sie flott bedient werden wollten, womit die heutigen Bistros für ihren Überlebenskampf inmitten von Burger-Restaurants und Coffeeshops zumindest etymologisch die besten Voraussetzungen mitbringen. Für das Café gibt es übrigens viele Namen, vom *troquet* zum *bistroquet*, Zola sagte *l'assomoir*, Seeleute *le rade* oder *le bouchon* und Balzac schrieb vom *cabaret*.

Ob Café, Bistro, Bar oder Brasserie – sie empfangen heute wie gestern Träumer und Verzweifelte, Verliebte und Einsame, Durchreisende und Nachbarn, Studenten, die in ihrer *chambre de bonne* frieren, und Freundinnen am Ende des Arbeitstages. Sie sind Orte für Rendez-vous, für Arbeitsbesprechungen, für Treffen jeder Art. Sie ersetzen das Wohnzimmer, das Büro oder die eigene Küche und leben vom menschlichen Kontakt, der hier gepflegt wird und ein informelles Beisammensein möglich macht. Die außerordentliche Schließung der Cafés während der ersten Zeit der Pandemie und ihre Wiedereröffnung ein paar Monate später hat gezeigt: Sie sind für die Menschen emotional wichtig und durch nichts zu ersetzen. In Paris gibt es Cafés und *bistros* für Menschen aller Herkunftsländer, Religionen oder Gesellschaftsschichten, wie etwa die bretonischen Bistros bei Montparnasse, die jüdischen Cafés und *bistros* im Marais-Viertel, spezialisierte, edle *bistrots à vin* mit einer unendlichen Weinauswahl oder auch solche, die eindeutig einer politischen Richtung zuzuordnen sind. Alphonse Allais bemerkte zu Recht, dass man gezwungen wäre, sein Café zu wechseln, wenn man seine politische Meinung ändert. In diesem Buch nehme ich Sie mit in die interessantesten Cafés meiner Stadt und erzähle Ihnen Geschichten, die hier spielen und spielten. Dabei nähere ich mich als Autorin den Cafés sowohl als Beobachterin als auch Genießerin und porträtiere sie auf ganz persönliche Art. So entsteht Café für Café, Bistro für Bistro ein ganz besonderes, ganz charmantes, ganz eigenes Bild von Paris: das Porträt einer Stadt, mit einer Kaffeetasse in der Hand, Klimpern im Ohr.

Wir Pariser bräuchten vielleicht keinen Eiffelturm und keine Sacré-Cœur, aber wir brauchen die Cafés unserer Stadt.

ERSTES ARRONDISSEMENT

Wie der Eisvogel in seinen grünschimmernden Fluss – die grün-gelbe Szenerie des *bistrot-théâtre*

BAR DE L'ENTRACTE
47 rue Montpensier
75001 Paris

Es ist spät. Wie der Eisvogel in seinen grünschimmernden Fluss tauchen wir am Ende eines langen Arbeitstages in die grün-gelbe Szenerie dieses *bistrot-théâtre*, der allerersten Bar von Paris. Bei der Eröffnung 1614 hieß sie noch *La Pissote.* Damals kamen die Pferdekutscher zum *pisser,* Pinkeln, und um ein Glas zu trinken, sobald sie die Kurtisanen des Königs nach Hause gebracht hatten. Seitdem ist viel Wasser unter den Brücken der Seine geflossen. Wir sind in der Nähe des Palais Royal, keine 200 Meter vom Louvre entfernt, in einer so kleinen Gasse, dass ich jedes Mal das Gefühl habe, auf dem Dorf zu sein und nicht mitten in der Hauptstadt. Die Comédie-Française, in der die Truppe von Molière spielte, wurde erst später an das Palais Royal angebaut – La Pissote, heute L'Entracte, gab es schon davor.

Wir hatten noch gar nichts bestellt, da serviert uns der Patron zwei kleine Gläser Weißwein von der Loire. Das Wasser, das er reicht, stammt aus einem der beiden kaum bekannten unterirdischen Bäche von Paris, dem Grange-Batelière, der in der Nähe der Oper und unter dem Kaufhaus Le Printemps fließt. Doch die Weine sind von der Loire. Wie der Patron. Die Loire trägt er in seinem Herzen und auf der Weinkarte. Das verstehe ich gut, meine Familie besitzt seit vielen Jahrzehnten ein Haus an der Loire, eine *longère* inmitten von Weizenfeldern.

Nach und nach trudeln die ersten Schauspieler ein, die nach der Aufführung mehr oder weniger schnell aus der Garderobe schlüpfen und hier ihre Gewohnheiten pflegen. Ich erkenne Jean Carmet und Jacques Villeret. Es gibt Abende, da sprechen die Schauspieler viel, laut und schnell und spielen die französische *commedia dell'arte* in den winzigen Räumlichkeiten des L'Entracte einfach weiter. An diesem Abend aber schweigen sie und trinken wortlos ihren Bourgeuil. Was mag im Theatersaal heute vorgefallen sein? Ihre Anspannung füllt den ganzen Raum, ist spürbar, umöglich, sich ihr zu entziehen. An diesem Donnerstagabend verdichtet sich das Lokal zu einem Ort ohne Zeit und Norm. Mein Blick wandert nach oben, auf die dunklen Fassaden an der gegenüberliegenden Straßenseite. Sonst sehen die beleuchteten Fenster wie Augen auf uns herab, heute sind sie erloschen. Die 400 Jahre alte Geschichte, sie ist hier greifbar nahe: Im Café de Foy um die Ecke hat sich 1789 Camille Desmoulins auf einen der Tische gestellt und die Menschen zu den Waffen gerufen. Am Tag darauf wurde die Bastille gestürmt, die Französische Revolution nahm ihren Lauf.

BAR DE L'ENTRACTE
BAR DE L'ENTRACTE
RUE
MONTPENSIER
EDMON

Der Wein schmeckt fruchtig und trocken zugleich. Der Patron kennt seine Winzer sowie den Geschmack seiner Gäste und schenkt uns ungefragt, aber großzügig nach. Wieder werden keine Worte gewechselt. Dabei haben wir schon oft über die kalkigen Böden an den Hängen der Loire gesprochen, Marcel und ich. Und über die Winzer, bei denen er einkauft. Es wird immer später, der Hunger lässt uns zum nahegelegenen Restaurant *Le Grand Véfour* rüberschielen, in dem schon Victor Hugo saß. Doch dessen Fenster sind verschlossen. Stattdessen lächelt uns hier im L'Entracte ein heißer *chêvre* auf Blattsalat an, von dem Marcel mir schon vorgeschwärmt hat. Er käme direkt vom Produzenten und Marcel wüsste, wo dessen Ziegen grasen. Wir müssen nicht lange überlegen. Während wir Marcels kulinarische Empfehlung genießen, verlassen die Schauspieler nach und nach das L'Entracte – um am nächsten Abend wieder hier zu sitzen, diesmal mit der ausgelassenen Laune, die dem einmaligen Ort gerecht wird.

Tipp:

Das Café de Foy befand sich von 1749 bis 1874 in den edlen Galerien des Palais Royal und war, wie das L'Entracte, beliebt bei den Schauspielern der nahegelegenen Theater. Es war das erste Café, das Getränke, Limonaden und Eis im Garten servieren durfte, allerdings zunächst ohne Tische, nur Stühle standen bereit. Im Jahr 1775 entstand die Caféterrasse und erfreute sich dann mit Stühlen *und* Tischen großer Beliebtheit. Das mit Holzsäulen und Spiegelglas verzierte und ausschließlich mit Öllampen beleuchtete Café de Foy zog sowohl Personen aus dem literarisch-künstlerischen wie auch politischen Leben an – und befand sich zuerst in der rue de Richelieu. Doch nach dem vom Duc d'Orléans veranlassten Umbau, der den Garten von der Straße rue de Richelieu trennte, zog das Café in die Arkaden des Palais Royal – und erstreckte sich hier unter sieben Arkadenwölbungen.

Im Stil Napoleons III.

CAFÉ MARLY
93 rue de Rivoli
75001 Paris

Es ist Winter. Eine eisige Stille hat sich über die Stadt gelegt. Die rue de Rivoli, entlang des nördlichen Flügels des Louvre, gehört sowieso nicht mehr den Autos. Aus der Metrostation Tuileries strömen Touristen. Sie stellen ihre Mantelkragen hoch und laufen schnell über die Cour Napoléon zur Pyramide du Louvre. Das Café Marly, das zwar nicht jetzt, aber zu späterer Stunde gut besucht ist, lassen sie dabei links liegen. Es befindet sich im Flügel Richelieu des Palais du Louvre, benannt nach Kardinal Richelieu (1585-1642), Minister unter Ludwig XIII. Der hintere Teil des Cafés ist im Stil Napoleons III. eingerichtet – üppig, blumengemustert und wandvertäfelt – und an diesem Morgen für ein Arbeitstreffen beim *petit déjeuner* reserviert: Kuratoren aus dem In- und Ausland besprechen eine große Ausstellung, die in zwei Jahren realisiert werden soll.

Im vorderen Teil hat sich – kurz nachdem das Café um acht Uhr seine Türen öffnete – ein Paar mittleren Alters an einen der kleinen Tische gesetzt. Die Frau, die ihr dunkelbraunes Haar wie in den sechziger Jahren hochgesteckt und einen großen dunkelgrünen Seidenschal elegant darum gewickelt hat, sieht aus, als käme

le Café Marly
le Café Marly

sie geradewegs aus einer Filmszene von Jean-Luc Godards Erstlingswerk *Außer Atem* spaziert. Der Mann hingegen hat seinen Hut nicht abgesetzt – als hätte er ihn auf dem Kopf »vergessen«. Sie dreht ihr Gesicht zur Terrasse unter den hohen Arkaden und stützt elegant ihren Ellenbogen auf den Tisch. Nonchalant in ihrer Teetasse rührend, senkt sie zunächst den Blick, dann schlägt sie ihre Augen auf und schaut den Mann ihr gegenüber direkt an. Er berührt ihren Arm, ihre Hand, nimmt diese in beide Hände und führt sie zu seinem Gesicht. Nur eine halbe Armlänge trennt die beiden, es ist offenbar zu viel: Er beugt sich über den Tisch, um sie zu küssen.

Das Café ist zugleich ein offener, neutraler wie auch ein intimer Ort. Als ob die beiden kein Zuhause hätten und das Café Marly der einzige Ort wäre, an dem sie eng ineinander verschlungen sitzen können. Die Kellner schauen diskret weg, gerührt, Zeuge ihrer Gefühle zu sein. Das Halbrund, das die beiden mit ihren Gesichtern formen, erinnert an das Gemälde »Die Kartenspieler« von Paul Cézanne, in dem zwei Männer mit Hut im Café an einem Tisch sitzen, der, wie auch jener im Marly, mit einer sehr kurzen Tischdecke bedeckt ist. Wie eine Pyramide ist die Szene aufgebaut, mit der Tischplatte als Basis, die Gesichter etwas eckig, die Kopfbedeckungen wie Zylinder. Der Unterschied ist das Kartenspiel, das Cézanne seinen Cafébesuchern in die Hände malt, während das Liebespaar nichts anderes hält als die Hand des anderen. Und im Gegensatz zur Szene bei Cézanne sitzen die beiden Liebenden in schweren Sesseln statt auf einfachen Holzstühlen.

Das Café ist ein Ort der Begegnungen, der sich kreuzenden Geschichten, des Lichts und der menschlichen Wärme. Zwischen den hohen Wänden des Marly streichelt der Mann die Wangen seiner Geliebten, im hinteren Teil diskutieren sich die Kuratoren die Köpfe heiß. Man ist anonym und bekannt zugleich – und das an einem Ort, der nach Marly, dem Jagd- und Sommerschlösschen Ludwigs XIV., benannt wurde.

Hundeporträts überall

AU CHIEN QUI FUME, LES HALLES
33 rue du Pont Neuf
75001 Paris

Duval ist mit Freunden auf einen Kaffee in der Brasserie »Zum rauchenden Hund« verabredet, einem der letzten Lokale aus der Zeit der alten Markthallen von Paris. Duval ist zum ersten Mal da und etwas amüsiert, denn egal wo er hinsieht, überall blickt er auf Hunde, genauer: auf Menschen mit Hundeköpfen, die sich auf riesigen Ölschinken in den verschiedensten Szenen treffen, und das meistens mit Zigarette, Pfeife oder Zigarre im Maul. Mal sind sie im Bordell, mal auf der Bühne eines Theaters vor Publikum. Man sieht zwei Damen mit einem Freier, ein stummes Ehepaar vor ihrem Wein, einen Fleischer in der Metzgerei. Sogar Prominenten wie Chirac und Brigitte Bardot wurden Hundevisagen und Glimmstengel verpasst. Doch nicht genug: Es gibt Hunde als Porzellanfiguren, Hundeporträts auf den Glasschildern am Eingang und natürlich raucht auch ein Hund im Logo des Lokals …

Duval hat noch etwas Zeit. Seine Freunde sind, wie es sich für gute Pariser gehört, spät dran. Innerlich schüttelt er den Kopf über die ganze Skurrilität, die ihn umgibt, und fragt sich, welche Kunst das Interieur wohl beeinflusst hat. Er hat keinen blassen Schimmer. Gauguin,

Bonnard, sogar Picasso, sie alle haben Hunde gemalt, ja! Aber keiner einen rauchenden Hund. Während Duval auf seine Freunde wartet, liest er sich in die Geschichte des Lokals ein. Früher gab es hier Hallen, einen Marktplatz. Es war das reinste Gewusel. Handkarren wurden umhergeschoben, Rattankörbe auf Rädern festgezurrt, Holzkisten gestapelt und den Händlern auf die Rücken gebunden. Andere standen hinter ihren Etalagen und boten ihre Waren feil. Es ist die Zeit der *casquettes*, der Schiebermützen, der Schnurrbärte und Pluderhosen. Um 1740 eröffnete eine sehr einfache *auberge* genau gegenüber der heutigen Brasserie. Ungefähr ein Jahrhundert zuvor wurde Molière um die Ecke geboren, in der rue de la Tonnellerie. Die Händler der *Halles au Roy* kamen in das winzige Lokal, um eine kurze Pause einzulegen und sich bei kühlen Getränken zu erfrischen. Von der Caféterrasse blickte man links und rechts auf Gemüsekarren und andere Wagen. Doch diese gute, alte, einfache *auberge* durfte nur ein Jahrhundert bestehen: Als sich der Stadtplaner und -umgestalter Haussmann des Viertels annahm, fiel das Lokal dessen Plänen zum Opfer. Wenige Jahre später eröffnete es genau gegenüber dem alten Standort wieder, in einem Gebäude, das der Revolutionär Baltard entwarf. 1920 übernahm ein neuer Patron das Lokal – und prägte es mit seinem skurrilen Dekor: Tatsächlich sollen zwei seiner Hunde geraucht haben: der Pudel Pfeife, der Pinscher Zigarre.

Die Hallen sind schon lange von hier verschwunden, in den sechziger Jahren wurde der berühmte »Bauch«

von Paris in die Peripherie im Südosten, nahe Rungis, verlegt. Das *Forum des Halles*, eine sich nach amerikanischem Modell auf mehrere Etagen erstreckende Boutiquengalerie, hat den freigewordenen Platz eingenommen. Doch das Lokal Au Chien qui fume hat die Hallen überlebt und empfängt nach wie vor Liebhaber der guten Küche. Vermutlich, so denkt Duval, weil das Lokal sich selbst und dem 19. Jahrhundert, in dem das Gebäude entstand, treu geblieben ist. Weil die Tradition der wärmenden Mahlzeit und der wärmenden Getränke, die den Hallen eigen war, hier weiter besteht und von einer Generation zur nächsten gereicht wird: Davon zeugen die Einrichtung mit dem beleuchteten *comptoir* und dem eleganten ovalen Tresen, die Glasschilder mit dem Konterfei des rauchenden Hundes und den *fin de siècle*-Schriften und natürlich alles, was die Karte hergibt, die mehr oder weniger den Meeresfrüchten, Austern, Muscheln und Schnecken zugeneigt ist, aber auch eine sehr gute Zwiebelsuppe offeriert. Duval wird tatsächlich warm ums Herz, wenn er an dünn geschnittene Zwiebeln, Butter, Mehl, heiße Gemüsebrühe, Weißwein, Baguettescheiben und geriebenen Gruyère denkt. Er hält noch die Weinkarte in der Hand, als seine Freunde endlich das Lokal betreten, und schwenkt sie in der Luft, um auf sich aufmerksam zu machen. Laut lachend kommen sie näher und entschuldigen sich für die Verspätung. Der Abend kann beginnen, ob mit oder ohne Zwiebelsuppe, am besten aber mit einem guten Burgunder.

Tipp:
Der Surrealist André Breton hat das Lokal in seinem Gedicht *Tournesol* verewigt.

Rosé-Champagner für frisch Verlobte

CAFÉ LE NEMOURS
2 à 7 galerie de Nemours / 2 place Colette
75001 Paris

Der große kräftige Kellner mit dem graumelierten Vollbart und der vielleicht etwas zu lang geratenen Schürze lässt seinen Blick professionell über die Tische wandern, um ihn anschließend gen Himmel zu richten. Der noch junge Maimorgen verspricht sonnig und nicht zu warm zu werden und die Vögel aus dem angrenzenden Garten des Palais Royal zwitschern fröhlich ihr Lied zur Terrasse herüber. Mit einer eleganten Drehbewegung jongliert der Kellner das Tablett, während die Finger seiner linken Hand die Last mehrerer Rosé-Champagner-Schalen tragen. Er ist freundlich zu jedem: zu den japanischen Touristen, die sich lieber ihren hundert Selfies widmen, statt die altehrwürdige Comédie-Française zu würdigen; zu den beiden Geschäftsfrauen, die sich vor ihren aufgeschlagenen Notizblöcken angeregt unterhalten; zu der wild gestikulierenden Frau im paillettendurchzogenen Pullover; zu den frisch Verlobten, die sich vor wenigen Momenten auf einer grünen Bank im Garten des Palais Royal verliebt die Hochzeit versprochen haben und nun mit Rosé-Champagner darauf anstoßen und Küsse tauschen.

Le Nemours mit den schönen Kolonnaden ist eine

Pariser Café-Institution *par excellence*. Durch die großen Fenster zur Terrasse schaut man direkt auf einen der schönsten Plätze von Paris, der Place Colette. Lampengirlanden schaukeln im Wind hin und her. Ein Spatz wartet geduldig auf der Lehne eines Bistrostuhles, bis etwas vom Frühstück für ihn abfällt, ein paar Krümel von der *tartine de rillettes* vielleicht? Neugierig dreht er den kleinen, graugefiederten Kopf, nur die schnellen Bewegungen seines winzigen Oberkörpers verraten seine Aufregung, während sich die Beinchen in die Lehne krallen, als wollten sie seine Entschlossenheit demonstrieren, entsprechend lange zu bleiben, bis er endlich einen Krümel kriegt. Doch so weit kommt es nicht. Als sich ein Mann an den Nebentisch setzt und seine Zeitung schwungvoll aufschlägt, schreckt der kleine Vogel auf und fliegt rasch fort. Der Mann versinkt in seine Zeitung, den Kellner wie zuvor den Spatz ignorierend. Doch der Kellner weiß offenbar, was der *habitué* wünscht. Ungefragt bringt er ihm einen *crème*, nicht ohne seinem Stammgast dabei ein freundliches »*Voilà, Olivier!*« zuzuraunen. Es ist ein kleines tägliches Ritual, das den Tag unterteilt, ein wohldosiertes Innehalten, ein Moment des kleinen Glücks, vermischt mit Kaffeeduft und der Konsistenz des vanillefarbenen Schaums, den Olivier mit dem Löffel durchsticht und gedankenverloren verrührt. Er legt die Zeitung beiseite und spielt mit seinem Schnurrbart.

Olivier arbeitet in den *coulisses* des Théâtre, dem besonderen Ort zwischen der Bühne – dem Herzen des

CAFE BAR
LE NEMOURS
CAFE

Theaters – und dem Zuschauerraum. In den *coulisses* werden alle Emotionen, die in einem Theater möglich sind, wahlweise im Schatten oder im Licht durchlebt: Angst, Aufregung, Schweiß oder Glück. Seine Frau, *blanchisseuse* und *repasseuse* der Comédie-Française, also zuständig für die Wiederherstellung aller Kleider, Krägen, Hüte und anderer Kostüme nach den Aufführungen, hat er im Theater kennengelernt. Sie riecht nach *savon de Marseille*, die sie bei ihrer Arbeit benutzt, und wenn sie hierherkommt, um Olivier zwischen den Schichten zu sehen, verbindet sich der Kaffee- mit dem Seifenduft aus dem Süden Frankreichs zu einer besonderen olfaktorischen Mischung, die Olivier sehr mag. Hier im Nemours berührte er nach einer Aufführung von Molières *Eingebildetem Kranken* ihre Hand zum ersten Mal, er führte sie zu seinen Wangen und atmete den subtilen Duft ihrer Haut, der alles versprach, ein – unter den Augen der Schauspieler, die hier ebenfalls nach getaner Arbeit einkehren, auf ein *verre de rouge* und einen Teller *jambon de Parme.*

Le Nemours, das seinen Namen der kleinen Stadt nahe Fontainebleau verdankt und seit der Renovierung vor ein paar Jahren ganz in einem romantischen Blau gehalten ist, zieht Touristen, die die Terrasse gern auf Schnappschüssen verewigen, gleichermaßen an wie Flanierende der angrenzenden Gärten und Museen. Hierher kommen die Zuschauer der Comédie-Française nach den Aufführungen sowie Menschen aus den Bereichen Kultur (das Ministerium für Kultur ist direkt daneben), Politik und

Mode. Auch Filmemacher hat das Café inspiriert, so trafen sich hier Angelina Jolie und Brad Pitt im Film *The Tourist* und Jean-Pierre Darroussin und Daniel Auteuil in *Dialog mit meinem Gärtner*.

Einen Wodka Martini für Bond

BAR HEMINGWAY UND
SALON PROUST IM RITZ
15 place Vendôme
75001 Paris

»Champagner für alle!«, soll Ernest Hemingway gerufen haben, als er – damals als Kriegsberichterstatter für nordamerikanische Medien in Paris – am Ende des Zweiten Weltkrieges mit einer Gruppe amerikanischer Soldaten in die Bar stürmte, sie zur nazifreien Zone erklärte und zur Feier des Tages eine Lokalrunde schmiss. Nach einer abenteuerlichen Jeeptour mit offenem Verdeck über die Pflaster der besetzten Stadt muss die stille Atmosphäre des Ritz wie eine Beruhigungstablette gewirkt haben, die Hemingway, wie sein lautstarker Auftritt verriet, keinesfalls schlucken wollte. Den Champagner übrigens auch nicht, er bestellte sich stattdessen einen Dry Martini 15:1, also mit 15 Teilen Gin und einem Teil Wermut. Jenen Cocktail hatte er bereits in den Zwanzigern durch seinen Kollegen F. Scott Fitzgerald für sich entdeckt, so die Legende. Nun sollte er das Ritz entdecken, das er bald – wie Coco Chanel – gleichsetzte mit Paris. Später sagte er: Wenn er vom Jenseits im Himmel träume, spiele die Handlung immer im Pariser Ritz. Damit meinte er wohl eher: in der Bar vom Ritz.

Diese Bar in gemütlicher Handtaschengröße von 25

Sitzplätzen ist heute renoviert und trägt den Namen des berühmten Schriftstellers. Im Stil eines englischen Clubs ist sie gehalten: mit gedämpftem Licht, schweren Sesseln, karierten Gardinen und der auffälligen Abwesenheit von Hintergrundmusik. Bereits ab 6 Uhr morgens und bis 1 oder 2 Uhr nachts ist sie geöffnet, das Publikum wechselt je nach Tageszeit. Bartender Colin Peter Field, zweimal schon zum »Best Head Bartender in the World« gekürt, kümmert sich ab 18 Uhr um die Gäste. Die Bar sei nicht nach Hemingway benannt, sagt er, sie *sei* Hemingway. Dafür schüttelt er sich gern die Finger wund an den Cocktails, die seine Gäste bestellen. Heute ist seine Freundin, das Model Kate Moss, zu Besuch. Colin erzählt Kate, dass seine Arbeit seine Leidenschaft sei, die er mit absoluter Präzision und Liebe ausübt. »Die wenigsten kommen hier rein, weil sie durstig sind«, sagt er über seine Gäste. »Kate, einmal hatte ich James Bond an der Bar, also ich meine natürlich den Schauspieler, der Bond spielt. Ich fragte ihn: ›*Well, was kann ich heute für Sie tun, Mr. Bond?*‹ Er gab zurück: ›*Was schlagen Sie vor, Colin?*‹ ›*Ich schlage einen Wodka Martini vor.*‹ Ich fühlte mich wie im Film, Kate. Verstehst du? Für einen klitzekleinen Moment dachte ich es wirklich.«

Ich lasse die beiden alleine weiterreden und denke über Colins Worte nach. Wenn vielleicht nicht unbedingt wie in einem Film, so fühlt man sich hier tatsächlich versetzt in eine andere Welt, eine andere Zeit. Gleichzeitig ist die Bar so etwas wie ein Kuriositätenkabinett. Fotos, Briefe, Bücher, Waffen, ein Grammofon, eine

Schreibmaschine und Tierschädeltrophäen erinnern an den berühmten amerikanischen Namensgeber, füllen Vitrinen und bedecken Wände. Den internationalen Gästen des Ritz gefällt das, den Parisern, die hier mit Geschäftspartnern einen Drink genießen, fällt es kaum noch auf. Das Ritz wurde in Hemingways Roman *Fiesta* zum Schauplatz, das Buch, das ihn berühmt gemacht hat und das Leben der amerikanischen Emigranten in den ersten zwanzig Jahren des 20. Jahrhunderts schildert, der sogenannten *lost generation* oder auch *génération au feu*. Es war das Milieu, das Hemingway am besten kannte, war er zu der Zeit doch für fünf Jahre als Korrespondent des *Toronto Star* in der französischen Hauptstadt und pflegte zu seinen amerikanischen Schriftstellerkollegen viel, zu seinen französischen hingegen wenig engen Kontakt. Das Leben seiner Landsleute spielte sich hauptsächlich in Pariser Cafés ab und diente ihm als Inspiration.

Das vom Schweizer Hotelier César Ritz und vom französischen Meisterkoch Auguste Escoffier im Jahr 1898 am Place Vendôme mit viel Trara eröffnete Ritz inspirierte allerdings nicht nur Hemingway, sondern eine Reihe weiterer Schriftsteller, wie beispielsweise F. Scott Fitzgerald zu seinem Buch *Zärtlich ist die Nacht*, sowie Künstler, Schauspieler oder Designer. Marcel Proust verkehrte hier, lange bevor Hemingway es entdeckte. Wäre er ihm im Ritz begegnet, wäre das vermutlich an einem jener legendären Abende geschehen, zu denen Proust Literaten und Aristokraten regelmäßig ins Ritz einlud wie in sein zweites Zuhause. Eine Begegnung mit Proust

wäre mir tatsächlich lieber gewesen als mit dem Martini trinkenden Hemingway. Denn Proust ging zum Schreiben ins Gartencafé des Hotels, wo er mehrere Teile von *Auf der Suche nach der verlorenen Zeit* verfasste und dabei Himbeer- oder Erdbeereis aß. Der *salon bibliothèque* trägt heute seinen Namen und auf der Teekarte stehen die butternen Madeleines, die Proust in seinem Werk beschreibt. Beim süßen, auf Etageren servierten Nachmittagstee *à la française*, den César Ritz um die Jahrhundertwende aus London importierte, womit er den Pariserinnen die einzigartige Gelegenheit bot, alleine auszugehen, lassen sich heute in tiefroten Samtsesseln bei einer heißen Schokolade oder einem *thé blanc* Kindheitserinnerungen abrufen – bis sich ab 18 Uhr der literaturgeschichtsträchtige Ort in eine *bar à champagne* verwandelt. *Santé!*

Literaturtipp:
Ernest Hemingway: *Fiesta.* Aus dem Amerikanischen von Werner Schmitz. Reinbek 2015.

Mit Coco auf ein *chocolat africain*

CAFÉ ANGELINA
226 rue de Rivoli
75001 Paris

Coco Chanel eilt vom Ritz, wo sie eine Zweizimmersuite bewohnt, ins Angelina in die rue de Rivoli 226. In dem schwarzen Kleid aus bequemem Jersey, das sie für die modebewussten Pariserinnen schneidern lässt, läuft sie straffen Schrittes. In weniger als fünf Minuten ist sie da und betritt die berühmten Mosaikböden der mittlerweile zur Institution gewordenen Einrichtung, um sich mit ihren Freundinnen, der Pianistin Misia Sert und der Schauspielerin der Comédie-Française Cécile Sorel, bei sanftem Licht vor üppigen Wandbemalungen und blumenumrandeten Spiegeln an dem immerselben Marmortisch niederzulassen. Die Freundinnen tragen die von Coco kreierten kleinen Schwarzen aus Crêpe de Chine. Coco dreht sich zu der herbeieilenden Bedienung um: *»Un chocolat africain, s'il vous plaît!«* Die heiße Schokolade aus Nigeria, Ghana und Elfenbeinküste, in einem Porzellan- oder Silberkännchen serviert, trinkt sie sehr heiß und mit einem Esslöffel aufgeschlagener süßer Sahne. Sie erzählt ihren Freundinnen von ihren neuesten Hutkreationen, die sie von Straußenfedern und anderen exotischen Details befreit hat und die reißenden Absatz finden.

Das Angelina besucht Coco Chanel täglich, ob mit Misia, Cécile oder mit ihrer langjährigen Freundin Jeanne Toussaint, einer Schmuckdesignerin. Die Mischung aus Wiener Kaffeehaus (es war der österreichische Konditor Anton Rumpelmayer, der das Etablissement 1903 eröffnete, und die namensgebende Angelina seine Schwiegertochter) und Belle Époque (entworfen wurde das Gebäude vom französischen Architekten Édouard-Jean Niermans) passt perfekt zu den Besucherinnen aus der feinen Pariser Gesellschaft, aus dem Adel und dem gehobenen Bürgertum. Sowohl Coco, Misia wie auch Cécile oder Jeanne suchen sich stets eine der vielen Pâtisserien zu ihrer Schokolade aus: vielleicht ein Mont Blanc – jenes legendäre Maronenpüreedessert mit geschlagener Sahne, das an den berühmten Berg erinnert – oder eine *tarte au citron*. Dann schlagen sie die Beine *élégant* übereinander, nippen am dazu gereichten Glas Tafelwasser mit Zitronenscheibe und genießen ihre Nachmittagsstunden im Plausch über Schauspieler- und Schneiderkollegen, die neueste Musik oder Theateraufführungen. Jahre später kommt Audrey Hepburn mit dem Spruch »Paris ist immer eine gute Idee« auf den Lippen und dem von Givenchy weiterentwickelten und ihr auf den Leib geschneiderten kleinen Schwarzen am zierlichen Körper ebenfalls hierher und verliebt sich in den Ort.

Im Garten des Palais Royal

CAFÉ KITSUNÉ
51 galerie de Montpensier
75001 Paris

Einer der großen Sonnenschirme wird von einem heftigen Windstoß getroffen und der Leinenstoff kracht laut wie das Segel eines Bootes an der Côte d'Azur bei der Wende. Ich erinnere mich, wie Marcel Proust einmal schrieb, die Sonnenschirme einer Caféterrasse würden sich so verhalten wie bunt aufgestellte Farbkleckse an einem Mittelmeerstrand. Hier im Garten des Palais Royal gäbe es, am Fuße der kerzengeraden Baumalleen *à la française*, sogar Sand, um dieses Bild zu komplettieren. Doch der Wind meint es ernst, unruhig weht er den Schirm von rechts nach links und wieder zurück, als wüsste er nicht, wohin mit sich. *»On vit dangereusement au café«*, sagt einer der beiden Männer, die sich hier zum Mittag verabredet haben, zur Begrüßung: Im Café lebt man gefährlich.

Langsam füllt sich das japanische Café unter den Kolonnaden. Eine Frau dreht ihren Stuhl leicht nach rechts, damit ihr die Sonne direkt ins Gesicht scheinen kann, wärmt ihre Hände an einer Tasse Matcha Latte und freut sich auf ihre *sablés* in Form eines Fuchses, die der Chefpâtissier Gilles Marschal in seinem Atelier in Montmartre exklusiv für das Haus backt. Stirnrunzelnd be-

Café Kitsuné
Café Kitsuné

obachtet sie, wie direkt an der Terrasse ein Fernsehteam große Schattenspender auf einen kleinen Wagen schiebt und dabei einen Teil der Ausrüstung im Sand verliert. Sie steht auf, immer noch mit ihrer Tasse in der Hand, und läuft der Crew mit dem verlorenen Teil hinterher. Als sie die Filmleute erreicht, versucht der Regisseur gerade, sich Gehör zu verschaffen, ohne Erfolg. Kein Wunder, hier sind alle zum Reden verabredet.

Die beiden zur Mittagspause verabredeten Männer sind mit ihrer Begrüßung noch nicht am Ende, sie fallen sich in die Arme, klopfen sich gegenseitig auf die Schultern. *»Ah, les parisiens sont à l'heure quand il s'agit de la pause midi!«* Sie bedauern, sich nie zu sehen, obwohl sie doch jeden Tag im Büro Tür an Tür arbeiten. *»C'est un vrai scandale.«* Dann werfen sie einen kurzen Blick auf die Gruppe junger Büroangestellter aus dem angrenzenden *Ministère de la Culture*, die sich hier zum Boulespiel verabredet haben, und widmen sich schließlich der Mittagskarte.

Die Karte des Café Kitsuné vermischt japanische Gerichte mit Pariser Bistro-Klassikern, doch die meisten Menschen kommen nicht wegen der *cuisine*, sondern wegen seiner Lage in meinem Lieblings- und einem der schönsten Gärten von Paris. Café Véry, Café de Foy, Café du Caveau, Café de la Régence – unter dem Ancien Régime und während der Revolution blühten rund um den Garten des Palais Royal viele Cafés auf. In den Kolonnaden gab es Boutiquen, Hutmacher, Messerläden, bis zu zwanzig Cafés, fünfzehn Restaurants und etliche

Spielhäuser, zum Teil auch in den oberen Stockwerken. Nachts florierte in den Gärten die Prostitution. Boutiquen gibt es heute nach wie vor, doch wenig ist geblieben von den traditionellen Cafés. Das Café Kitsuné ist mit seiner Nähe zum *Le Grand Véfour*, dem Restaurant, das Voltaire besonders liebte und auch andere große Namen auf seiner Gästeliste hatte wie Lamartine oder Sainte-Beuve, ganz der Gegenwart gewidmet. Das hat etwas Gutes. Die Schriftstellerin Colette, die auf der nördlichen Seite des Gartens wohnte, hätte ihre Freude gehabt an dem fröhlich lebendigen Gemurmel der Gäste, das sicher bis zu ihrem Appartement emporgestiegen wäre. Sie hätte, gelehnt an den Sims ihrer zwei Meter hohen Fenster, ihre Blicke erst zu den sich balgenden Spatzen, später zu der Cafészenerie wandern lassen und sich über die Abwechslung gefreut, bevor sie wieder verschwunden wäre in der Einsamkeit ihrer Pariser Wohnung.

In Erinnerung an den Erfinder des Buchdruckes

L'IMPRIMERIE
29 rue Coquillière
75001 Paris

Vincent bestellt einen winzigen *café express*, also einen Kaffee der Sorte, die in zwei Schlucken zu trinken ist, und danach noch eine große Wasserkaraffe. Der Patron hebt kurz die Augenbrauen. Er weiß, Vincent richtet sich auf mindestens zwei Stunden hier ein. Für den Studenten ist das Café die Verlängerung seines Studierzimmers, das er bei seiner Tante unter dem Dach in der rue Coquillière bewohnt. L'Imprimerie, gut platziert zwischen Louvre, Palais Royal und Quartier des Halles sowie unweit des Platzes de la Victoire, liegt zwar in einem der elegantesten Viertel von Paris, aber – so hat es sich der Patron bei der Wiedereröffnung vorgenommen – L'Imprimerie ist für alle da. Also stellt er Vincent eine ovale Ricard-Glaskaraffe voll Leitungswasser auf den runden Tisch und bekommt ein Lächeln als Bezahlung.

Am Nachbartisch wärmt sich ein Mann bei einer Kanne Tee auf. Draußen hat eine eisige Kälte Paris fest im Griff. Die Passanten beeilen sich, ihr Atem hinterlässt kleine weiße Rauchwolken, die der Wind schnell fortträgt. Der Mann sitzt im Halbrund der Türöffnung und ein schwerer, roter Samtvorhang, der von einer über vier

Meter hohen Decke fällt, umhüllt ihn wie eine große, mollige Umarmung. Phil Collins singt *Take a look at me now.* Die Musik der achtziger Jahre entspricht dem Patron – er ist mit seinen etwas zu weiten Hosen und den eigenartigen geometrischen Hemdmustern modisch in diesem Jahrzehnt hängengeblieben. Hinter dem Tresen schneidet die Bedienung schweigend das Baguette für die Mittagstische, stellt die Körbchen auf das Holzregal an der Wand mit den Jugendstilbordüren. Eilig werden die Tische für den Ansturm aus den Büros und Geschäften der Umgebung mit runden Papiertischdecken, Besteck und Gläsern gedeckt und die rot-weißen Rattanstühle in Position gerückt. Die Übergangszeit zwischen Vormittag und Mittag ist eingeläutet, das von dunkelroten Farben dominierte Café putzt sich heraus. Gegenüber und etwas verstellt von einer Reihe parkender Vespas liegt das Restaurant *À la cloche des Halles* mit seiner überdimensionierten, goldenen Glocke als *enseigne* an der Hausfassade. Ein Kellner stellt die *bar à vin*-Schiefertafel wieder gerade, die der Wind umgeschmissen hat. Im L'Imprimerie gibt die Weinkarte aber auch viel her, ein paar Champagner stehen für den Abend kalt – bis 2 Uhr nachts ist das Café geöffnet.

Der Name des Cafés erinnert an den Erfinder des Buchdruckes, Johannes Gutenberg – schließlich war Paris einst eines der wichtigsten Zentren des Buchdruckes und im symbolbeladenen Collège de Sorbonne entstand 1470 die erste Buchdruckerei. Vor allem aber erinnert der Name an die 1640 unter Ludwig XIII. ursprünglich im

L'imprimerie
plats
pasta
desserts

unweiten Louvre eröffnete Imprimerie Royale. Die rue Coquillière ist eine der ältesten Straßen von Paris, hier wurden die frischgedruckten Bücher, erste Bände der *Histoire naturelle* von Buffon oder die von Colbert herausgebrachte *Collection du Roi* aus dem Louvre heraustransportiert.

Vincent hebt den Blick von seinen Büchern, trinkt einen letzten Schluck Wasser, betrachtet die ankommenden Mittagsgäste durch die Fensterscheiben des Cafés und überlässt den hungrigen Büroangestellten seinen Platz auf der mit rotem Kunstleder bezogenen Cafébank. Draußen stellt er seinen Mantelkragen hoch. Gleich wird er die sechs Stockwerke zu seinem Studentenzimmer unter dem grauen Dach hochsteigen, und er weiß jetzt schon, dass ihn seine rotgetigerte Katze namens *Mickey* empfangen wird, sodass er sich nicht zu sehr nach der Wärme im Café de L'Imprimerie sehnen wird.

BOULANGER PATISSIER
Bureau de Poste
Pains et Viennoiseries
aKi boulanger
Spécialités Japonaises
aKi

Japanische Café-Bäckerei

AKI BOULANGER
16 rue Sainte-Anne
75001 Paris

Sie ist eng und umsäumt von hohen Gebäuden, sodass kaum Sonne einfällt – meine in Paris lebenden japanischen Freunde treffe ich dennoch jedes Mal in dieser Straße in *Little Tokyo*, im Herzen des heutigen japanischen Viertels von Paris. Wenn es nicht herzhaft sein soll, dann gerne in der japanischen Café-Bäckerei in der rue Sainte-Anne, die draußen ein paar Tische aufgestellt hat. Die besten japanischen Restaurants, Läden mit japanischen Lebensmitteln, Kimonos und Glücksbringern und sogar Reisebüros bilden den »Kokon« drum herum. Seit den sechziger Jahren, nachdem die homosexuelle Szene in das Marais abgewandert ist, haben sich hier und in den hübschen überdachten Galerien des Viertels erst Designer wie der in Japan geborene Kenzo Takada angesiedelt. Später kamen japanische Bars hinzu und schließlich Restaurants. Ein spannender Mix aus französischen und japanischen Lokalen findet sich nun in der rue Sainte-Anne wieder, das Aki Boulanger als *boulanger franco-nippon* ist das beste Beispiel dafür.

An der engen, typisch Pariser Straßenecke sitze ich mit Fumiyo Takahashi, dem *pastry-chef* vom Aki, an einem der wenigen Außentische beim Frühstück. Vor uns stehen Croissants, Anko- und Melonenbrot, ein Matchatee sowie ein *café allongé*, dazu frischgepresster Saft und als sehr süßsäuerlichen Abschluss *satsuma* oder *yuzu éclairs.* Fumiyo Takahashi holt eine Yuzu-Frucht aus dem hinteren Raum der Pâtisserie. Sie ist etwas größer als eine Zitrone und er hält sie wie eine Melone in der Hand, während er mir das Geheimnis der Frucht erklärt. Er lässt sie sich von der Shikoku-Insel liefern, der kleinsten der vier japanischen Hauptinseln, auf der sie angebaut wird. Kaum öffnet Fumiyo Takahashi die Schale ein klein wenig, verströmt die Frucht ihre herrlich säuerlich frischen und komplexen Duftnuancen. Ich erahne ihre Wirkung in Fumiyos Café-Pâtisserie. Eine charakterstarke Mischung aus frischer Limette mit Noten von exotischer Grapefruit und knackiger Mandarine, was für eine Aromenkomposition im Gebäck – man stelle sich dies zu einem kräftigen Kaffee vor! Mein Tag ist gerettet. Ich kaufe mir noch ein Aki-Baguette.

Später schlendere ich die Straße hoch Richtung Norden zu den *Épices Roellinger* aus dem Küstenstädtchen St. Malo, um mir noch einige Gewürze zu kaufen. Vorher schaue ich noch bei der *maître fromagère* Eri Hisada vorbei, dem japanischen Käsegeschäft Fromagerie Hisada, um mir einen *Matcha tea Brillat-Savarin*-Käse zu holen: Wenn schon *franco-nippon*, dann richtig!

ZWEITES ARRONDISSEMENT

Käse, Wein und Crème brûlée in der schönsten Galerie von Paris

BISTROT VIVIENNE
4 rue des Petits Champs
75002 Paris

Das kleinste Arrondissement von Paris ist eines meiner liebsten, mit seinen engen Straßen, seinen Galerien, der Nähe zu den *grands boulevards.* Wenn ich von Westen, von der Place de l'Opéra, bis zum Osten, zum boulevard de Sébastopol, laufe, durchschreite ich die vier Stadtviertel, die das zweite Arrondissement ausmachen: *Quartier Gaillon, Quartier Vivienne, Quartier du Mail* und *Quartier de Bonne-Nouvelle* – Eleganz und Stil rund um die rue de la Paix und die place des Victoires, als auch geschäftswuselige, enge Straßen, die schon den Schriftsteller Honoré de Balzac zu seinen typischen »Pariser Szenen« in seiner Kurzgeschichte *Gaudissart II* inspiriert haben.

Sonntagabend, es ist ein kalter Dezember und es nieselt. Im unteren Saal des Bistrot Vivienne in der gleichnamigen überdachten Galerie treffe ich mich mit meinem Freund Jacques, einem belgischen Orgelspieler an der Église Saint-Eustache. Ich bin oft in diesem Café: wegen der wirklich guten Käseplatte, der erlesenen Weinkarte und weil ich in der unweit gelegenen rue Gramont wohne, einer kleinen Straße, direkt neben den Éditions Alphonse Leduc, die klassische Musik veröffentlichen. Die Galerie Vivienne gibt es seit 1823, sie ist für mich die schönste der Pariser Galerien. Gegenüber vom Bistrot Vivienne befindet sich der alteingesessene *caviste* Legrand, der neben seinem Weinverkauf auch Degustationen anbietet. Das Bistrot Vivienne zur Rechten, das Weinlokal Legrand zur Linken – was für eine schöne »gastronomische Umarmung«.

Jacques und ich setzen uns an einen der runden Holztische im Erdgeschoss, die mit nichts anderem gedeckt sind als mit perfekt polierten Weingläsern, die im Licht der kugelrunden Art-déco-Hängelampen glänzen. Wir bestellen uns je ein Trio an Käse, eine *crème brûlée au foie gras de canard de Vendée* und dazu eine Flasche Châteauneuf-du-Pape. Der Patron hat die Flasche für uns – entgegen seiner Gewohnheit, aber wir sind *habitués* – schon vorher geöffnet und gießt uns am Tisch den Süden des Rhône-Tals in die Gläser. Er kennt uns und weiß: Wir wollen beide gemeinsam den ersten Schluck probieren.

Jacques und ich schauen uns in die Augen, dann jeder für sich auf die Reflexe des Weines und dessen Brillanz und Dichte in unseren Gläsern. Wir fassen sie am Fuß und schwenken die rote Flüssigkeit leicht, sodass kleine »Kirchenfenster« entstehen, die uns langsam mehr über den Wein verraten. Dann riechen wir tief in die Gläser hinein und versuchen zu erspüren, was sich an Aromen auftut: Walderdbeere, Kirsche und etwas von der

LUCIEN
LEGRAND

Garrigue, die mich an die nördlich von Marseille gelegene Landschaft erinnert. Unser Glas Châteauneuf-du-Pape aus Château La Nerthe ist wie ein kurzer Urlaubsmoment voller Wärme und Sonne. Hier im Bistrot Vivienne sind wir noch nie enttäuscht worden. Wir nähern unsere Gläser aneinander an, prosten uns zu und genießen den Wein auf der Zunge. So wohltemperiert, fruchtig und vollmundig, wie er sich heute zeigt, so lieben wir ihn als Begleiter unserer Gespräche über die letzten Stücke in der Kirche Saint-Eustache, in der Jacques an der Orgel spielt.

Es vergehen Stunden in der Wärme des Bistros, ohne dass wir an den Pariser Nieselregen denken und ohne dass wir bemerken, wie sich um uns herum der Saal füllt, Gäste in das obere Stockwerk gehen, um sich später wieder zu verabschieden. Der Patron hat uns unterdessen nachgeschenkt und auch einen Teller mit *grignotages* aus Brot, gesalzener Butter und Schinken aus der Vendée hingestellt, dem wir wenig Aufmerksamkeit schenken, aber komplett leer essen. Nach einem *café gourmand* verabschieden Jacques und ich uns voneinander und ich schlendere noch ein bisschen die fast 200 Meter lange Galerie entlang. Durch die Dachfenster ist das Tageslicht gedämpft. Meine Blicke stöbern in den Schaufenstern der zu dieser Zeit geschlossenen Buchhandlung Jousseaume. Ich liebe dieses Antiquariat, das mich an die Bouquinisten am Seineufer erinnert, nur habe ich hier ein Dach über dem Kopf.

Wo Balzac sich beim Austernessen seine Inspiration holte

AU ROCHER DE CANCALE
78 rue Montorgueil
75002 Paris

Ein Satz Austern und ein Glas Weißwein, nichts anderes soll es sein. Ich habe noch einen letzten Tisch auf der Terrasse ergattert und sitze nun mit meiner ehemaligen Klassenkameradin Anne in der sehr besonderen *café-brasserie* Au Rocher de Cancale, 78 rue Montorgueil. Wir sind eigentlich noch zu jung, um uns als Teil des Dekors *à la parisienne* zu fühlen, doch auf der Terrasse jener alten Pariser Institution, die im Jahr 1804 ihre Türen öffnete, kommen wir dem schon sehr nah. Anne zwickt mich in den Oberarm und macht mich auf unsere Tischnachbarn aufmerksam, die pantagruelisch auf dem dafür viel zu kleinen Tisch so viele Entrées und Hauptspeisen auffahren lassen, dass uns allein vom Anblick schwindelig wird. Pantagruel, das war der junge Riese aus Rabelais' Romanzyklus aus dem 16. Jahrhundert, der so unendlichen Appetit hatte! Das ist das Schöne am Rocher de Cancale: Man kann, muss aber nicht essen. Für die einen ist es ein Restaurant, für die anderen, die *habitués,* ein Café um die Ecke.

Uns freut der Anblick der kleinen Schale mit Austern, die der Kellner auf seinem Tablett an unseren Tisch ba-

AU ROCHER DE CANCALE
BAR
RESTAURANT
Café

lanciert. Anne nimmt eine Auster in die linke Hand und würzt sie mit einem leichten Spritzer aus einer saftigen, überdimensionierten Zitrone. Dann arrangiert sie beides so auf der glatten Oberfläche des Bistrotisches, dass es an ein Stillleben von Jan Davidszoon de Heem erinnert, der das Motiv der Auster mit Zitrone im 17. Jahrhundert so treffend als Gemälde festhielt. Während ich Anne bei der Zubereitung ihrer Auster betrachte, fällt mir auch noch Manet ein, der ebenfalls die Auster in seine Bilder bannte – und der behauptete, dass ein Maler alles mit Blumen, Früchten oder Wolken ausdrücken könne. Mit Meeresfrüchten auch, möchte man ergänzen.

Am prall gefüllten Nebentisch geht es derweil zur Sache. Balzac, der in diesem altehrwürdigen Lokal Inspiration für etliche Figuren seines umfangreichen Romanwerks, der *Comédie humaine,* fand, hätte auch heute seinen Spaß gehabt. Ich sehe ihn da sitzen und die Menschen um ihn herum beobachten, mit seiner Pfeife in der Hand, den Ellenbogen aufgestützt. Schon damals konnte man hier, zwei Schritte vom *marché des Halles* und unweit der Pariser Oper, Austern genießen. Die rue Montorgueil und die pointe Sainte-Eustache waren vom 18. bis ins 19. Jahrhundert ein Umschlagplatz für frischen Fisch, der erst auf Pferdekutschen, später in Automobilen aus den Häfen der Normandie und der Picardie dorthin transportiert wurde. Anne weist mich auf die etwas höher gelegene rue des Poissonniers hin, die Straße der Fischhändler, die mit ihrem Namen an diese Geschichte erinnert und verschiedene Fischrestaurants hervorgebracht hat, zum Beispiel das *Rocher de Dieppe*.

In Gedanken an die gleichnamige Stadt Cancale im Nordwesten der Bucht vom Mont-Saint-Michel, in der wir als Kinder oft Ferien machten, prosten wir uns genüsslich zu, schauen uns die Straßenszenerie an, die ein wenig an das Gewusel der früheren Fischhändler erinnert und fühlen uns wohl. In dieser Zeit zwischen Arbeit und Abend stecken noch viele Möglichkeiten.

Unsere Tischnachbarn verschwinden fast geräuschlos ins Innere des Lokals, um die Fresken von Paul Gavarni (1804-1866) zu betrachten. Der Lithograf und Karikaturist hat mit vielen Verlegern zusammengearbeitet, unter anderem mit Pierre-Jules Hetzel, einem der wichtigsten in Frankreich. Hetzel, war das nicht auch der Verleger von Jules Vernes, Victor Hugo, Zola und, eben, Balzac? Das Publikum um uns herum ist zumindest dasselbe wie einst: Theaterbesucher, die entweder vor oder nach der Aufführung hier ihre Austern genießen, pur, gegrillt oder mit Zitronensaft und kleinen Baguettebroten serviert. Der Geruch des frischen Meerwassers, das Geklirre der Eiswürfel in den Gläsern – diese kleine Atempause zwischen zwei Momenten des Tages ist wohltuend und unaufgeregt zugleich. Doch der Wein tut sein Übriges dazu. Mit jedem Glas tauchen wir tiefer in die Geschichte ein. Bald stellen wir uns vor, Eugène Sue, Alexandre Dumas, Théophile Gautier und Balzac, die alle hier einst verkehrten, säßen an unserem Tisch und debattierten mit uns darüber, ob die Austern im Restaurant

Nr. 38, das etwas weiter in Richtung les Halles liegt, oder im *L'Escargot Montorgueil* besser sind als hier. Oder ob wir später alle in die noch ältere Pâtisserie *Stohrer* in der 51 rue Montorgueil marschieren sollten, um uns einen *baba au rhum* auf die Hand zu holen und uns damit auf die Stufen der Kirche Saint-Eustache in die Abendsonne zu setzen.

Ein Café mitten am Markt

LE CAFÉ DU CENTRE
57 rue Montorgueil
75002 Paris

»Je n'ai pas de cafetière, moi«, verrät mir Guy augenzwinkernd und stolz, »ich besitze keine eigene Kaffeemaschine.« Braucht man auch nicht, wenn man in der rue Montorgueil wohnt. Wenn Guy morgens aus seiner Wohnung im vierten Stock kommt und auf die Straße tritt, hat er die Qual der Wahl. Dicht an dicht stehen die Tische auf dem Gehweg und der gepflasterten Straße, ein Café reiht sich an das nächste, und irgendwo findet Guy immer ein Plätzchen für seinen ersten Kaffee vor der Arbeit. Dabei hat er es sich zur Gewohnheit gemacht, zunächst zu schauen, ob auf der Terrasse des Le Compas etwas frei ist. Findet er dort keinen Platz, marschiert er schnurstracks zum Café du Centre, das direkt gegenüber vom Gemüse- und Obstladen Le Palais du Fruit und schräg gegenüber der Poissonerie Soguisa, dem bekannten Fischgeschäft, liegt. Hat er sich niedergelassen, muss er den Kellner nur anschauen und dieser bringt ihm wie jeden Tag seinen *double espresso*.

Als er vor fünfzehn Jahren hierherzog, so erinnert sich Guy, war die Straße noch nicht von den elitären Bobos bevölkert, die später all die Cocktailbars und edlen Boutiquen in den Seitenstraßen hervorbrachten. Zum Glück

aber ist die rue de Montorgueil selbst noch fest in der Hand der *maraîchers, boulangers, gastronomes, cafés, poissonniers, fruitiers, légumiers, fromagers* und all der anderen »Überlebenden« oder legitimen Nachfolger der berühmten Pariser Markthallen, die das Viertel prägten, bevor sie nach Rungis im Süden von Paris verlegt wurden: Alteingesessene Läden wie die älteste Pariser Pâtisserie namens Stohrer mit ihrem legendären *baba au rhum* sowie die Restaurants aus dem frühen 19. Jahrhundert verleihen der Straße, über die einst sämtliche Waren aus dem Norden Frankreichs, vor allem die der Fisch- und Austernhändler, in die Hauptstadt transportiert wurden, ihren Flair. Unmittelbar neben dem Café du Centre befand sich die im 18. Jahrhundert gegründete Société des Huîtres d'Étretat. Guy staunt nicht schlecht: Noch bis weit ins 19. Jahrhundert sollen hier Bassins mit lebenden Austern gestanden haben!

Auf der Terrasse des Café du Centre und überhaupt in der ganzen Straße ist der Duft von Gemüse und Früchten, frisch gebackenem Brot, Fisch und Käse so präsent, als gäbe es den Wochenmarkt hier nicht nur am Donnerstagnachmittag und Sonntagmorgen, sondern täglich. Überhaupt hat man den Eindruck, die Luft hier sei reiner als im Rest der Stadt. Aber das ist eine Illusion, meint Guy, wir sind in Paris. Hier geht es immer zu wie auf einem Wochenmarkt, bemerkt er und zeigt auf die flanierenden Menschen mit ihren Körben voll frischer Einkäufe. Zum Glück ist die Straße den Fußgängern überlassen. Sie erledigen nicht nur ihre Wocheneinkäufe, manche *habitués*, Nachbarn, kaufen nur ein einzelnes Baguette zum Mittag, treffen sich auf einen Kaffee auf einer der Terrassen, bestellen ein *poulet rôti*, das der *rôtisseur* in dicke Alufolie einwickelt, oder bleiben für einen Plausch kurz stehen. Früher kamen die Händler mit ihren Holzkarren und großen Rädern, heute kommen sie morgens mit ihren kleinen LKWs und bauen ihre Stände auf. Etwas nördlicher tragen die Straßen die Namen der Handwerker und Händler, die zu Zeiten der Markthallen die Versorgung der Pariser Bevölkerung sicherten. Nicht zuletzt wegen des familiären Umgangs zwischen den Händlern und den Restaurant- und Cafébesitzern wähnt man sich eher auf einem Dorf oder in einer Kleinstadt statt mitten in Paris.

Guy schnappt sich den Bistrohocker, den zwei Männer zu einem kleinen Beistelltisch für Senf, Salz und Pfeffer umfunktioniert haben. *Faut pas plaisanter*, meint Guy, hier ist jeder Zentimeter Sitzfläche wertvoll, wie um zu erinnern, dass das Pflaster teuer ist, auf dem wir sitzen. Er hat recht, mittlerweile ähneln die Preise hier schon denen der gutsituierten Viertel. *»Allez, un beau dimanche, un beau dimanche!«*, schreit sich die Käsefrau am Marktstand direkt neben dem Fischhändler die Seele aus dem Leib, *»einen guten Sonntag!«* Damit möchte sie wohl die vielen Familien, die sich mit ihren Kinderwagen einen Weg durch die Etalagen der Markthändler bahnen und dabei versuchen, ihre schon selbst laufenden Kinder an der Hand zu halten, zum Sonntagseinkauf animieren. Eine ganz einmalige Szenerie ist das, die man am besten von der Terrasse des Café du Centre aus beobachtet, wenn man sich, wie Guy, rechtzeitig um einen Tisch bemüht hat. Es kann passieren, dass man länger bleibt als gedacht, das Café ist von 6 Uhr früh bis 2 Uhr nachts geöffnet. Es wird niemandem auffallen, höchstens vielleicht den die Schicht wechselnden Kellnern.

Guy streichelt den kleinen roten Stern an der hinteren Lehne seines Bistrostuhls mit dem Daumen und lässt dann genüsslich den Kopf in den Nacken fallen, um mit seinem Gesicht einen Sonnenstrahl zu fangen. Wäre er Ende Juni 1878 hier gewesen, als Claude Monet die bunte Straße malte, würde er in Hunderte französischer Flaggen blicken, die an den Fassaden der Häuser hingen, eine Huldigung an das dem »Frieden und der Arbeit« gewidmeten Fest, das die Regierung in jenem Jahr einführte. Die dritte Pariser Weltausstellung war gerade eröffnet, die Flaggen zeugten von dem nationalen, republikanischen Enthusiasmus jener Tage. Wie schön hätte sich das gemischt mit dem bunten Markttreiben von heute!

Sank Roo Doe Noo

LE HARRY'S NEW YORK BAR
5 rue Daunou
75002 Paris

Ich lasse meine Fingerkuppen über die Rücken der Bücher gleiten, die mein amerikanischer Freund Sean in seiner kleinen Wohnung unter den grauen Dächern von Paris auf eine Art und Weise sortiert, wie ich es noch nie gesehen habe: nach dem Geburtsjahr der Autoren nämlich. »Verrückter Sean!«, denke ich und finde es zugleich erstaunlich. Denn dass die englischsprachigen Originalausgaben der Schriftsteller der so genannten Lost Generation nebeneinander stehen – Gertrude Stein (1874), F. Scott Fitzgerald (1896) und Ernest Hemingway (1899) –, ergibt natürlich Sinn. Doch daneben steht ein altes, vergilbtes Buch mit Cocktailrezepten eines gewissen Harry Mac Elhone und ich frage mich, wie sich das hierherverirrt hat. Der rotbraune Schutzumschlag, auf dem in einfacher, schwarzer Schrift *ABC of mixing cocktails* steht, ist abgegriffen und fleckig. Ich beginne, mich für sein Innenleben zu interessieren. Bloody Mary, White Lady, French 75, der legendäre Cocktail aus drei Zutaten – Champagner, Gin und Zitronensaft –, Sidecar ... Hmmmh, ich bekomme Lust auf einen Drink.

Ich vertiefe mich in das Rezeptwerk und staune nicht schlecht. Ich drehe mich fragend zu Sean um, der mich

New York Bar
SANK ROO
DOE NOO

vermutlich schon eine Weile beobachtet. Doch der steckt nur kurz seinen Zeigefinger in die Luft, um ihn dann an seinen Mund zu führen und mir damit zu signalisieren: »Warte, ich habe eine Idee.« Dann legt er eine seiner alten Platten auf und die Melodie von George Gershwins Orchesterwerk *Ein Amerikaner in Paris* erfüllt den Raum. Sean klärt mich auf: »Was du in den Händen hältst und das, was du hörst, hat unmittelbar mit Harry's New York Bar in der Nummer 5 der rue Daunou zu tun. *Sank Roo Doe Noo* riefen wir, die wir des Französischen nicht mächtig waren, dem Taxifahrer zu, wenn wir abends im zweiten Arrondissement einen Cocktail trinken wollten. Seit 1911 gibt es die Bar, das Mobiliar stammt direkt aus New York. Sartre, Coco Chanel, Clint Eastwood, Humphrey Bogart und viele andere waren dort zu Gast. In Harrys Pianobar, der »Ivories«, hat George Gershwin angeblich gedichtet und erdacht, was du gerade als Orchesterwerk hörst. Sogar die Taxihupen von Paris hat er darin verarbeitet!« Sean nimmt mich in die Arme und tanzt mit mir ein paar Schritte: »Komm, lass uns hin, in die *Sank Roo Doe Noo,* ein bisschen Jazz hören und Gin trinken.«

Himmelzarte Café-Pâtisserie am Standort eines alten Klosters

MOULIN DE LA VIERGE &
BAR DU MOULIN
10 place des Petits Pères
75002 Paris

Knuspriges Baguette, Croissants und *pains au chocolat*, dazu ein perfekter *café crème* und *chocolat chaud* – die brünette Solange und ihr Begleiter Aimé schauen sich beim Frühstück verliebt in die Augen. Ihre viel zu weite Jeans hat sie mithilfe eines großen braunen Ledergürtels enger gemacht und die weiße Bluse in den Bund gesteckt. Zwei Basset Hounds sind an ihrem Stuhl angeleint. Die faltigen, etwas lahmen Hunde passen mit den drei Fellfarben – Tiefbraun, Beige und Weiß – perfekt zum *café crème*, denkt Solange und lächelt in sich hinein. Der eine wedelt um den anderen herum, es sind Hundemutter und Welpe.

Solange frühstückt gerne in diesem *pâtisserie-café* mit dem himmelzarten Namen Moulin de la Vierge, das, an dem friedlichen und wenig bevölkerten place des Petits Pères gelegen, eine ungewöhnliche, innere Ruhe verströmt. Der Platz war im 19. Jahrhundert noch Standort eines Augustinerklosters. Er grenzt an die Basilique Notre-Dame-des-Victoires an und ist umringt von Häuserfassaden, vor denen Madonnenskulpturen in kleinen

Ausbuchtungen stehen. Die Geschäfte mit ihrem Sortiment an Kreuzen, Statuen, Ikonen, Medaillen und anderen religiösen Objekten ähneln denen am Platz des Petersdoms in Rom, nur ist es hier weniger rummelig.

Solange erzählt ihrem Begleiter die ungewöhnliche Geschichte des *pâtisserie-café*. Dessen Gründer, der Journalist Basile Kamir, hatte die unter Denkmalschutz stehenden Räume einer alten Bäckerei ursprünglich für seine Plattensammlung angemietet. Der Staat verknüpfte allerdings den Denkmalschutz mit einer Auflage: Es sollte in der alten Bäckerei ein »echter« Handwerksbetrieb arbeiten. So entschloss er sich kurzerhand, hier eine *boulangerie* aufzumachen.

»Stell dir vor, Aimé, Hunderte von Vinylplatten füllten diese Räume, bevor es Croissants und *petits pains* taten, die hier nun vor Ort gebacken werden!« Eine kleine *bulle de douceur*, eine Blase voller Zartheit, für die Bewohner des Viertels ist das Café. Mitarbeiter des angrenzenden Kultusministeriums und andere Kreativwirtschaftler folgen einfach dem Duft der Backwaren, die frisch aus dem historischen Holzofen kommen. »Jedes Mal wenn ich hier reinspaziere, muss ich lächeln. Ich weiß nicht genau, was es ist, aber die ganze Atmosphäre ist magisch und friedvoll. Vielleicht ist es auch nur der Duft von frischem Baguette und frisch aufgebrühtem Kaffee«, sagt Solange und schaut auf die Basilique gegenüber. Dann steht sie auf und schnappt sich ihre beiden Bassets, um mit ihnen an der Leine und Aimé am Arm Richtung autofreies Seineufer zu laufen, Pfoten und Füße vertreten.

DRITTES ARRONDISSEMENT
Art déco an der place des Vosges

CARETTE
25 place des Vosges
75003 Paris

CARETTE, *MAISON MÈRE*
4 place du Trocadéro du 11 Novembre
75016 Paris

Wir schreiben das Jahr 1927. Charles Lindbergh glückt der erste Nonstop-Transatlantik-Flug von New York nach Paris. *Le chanteur de Jazz*, der erste vollständig mit Ton gedrehte Spielfilm, wird in Paris gezeigt. Und der junge Jean Gabin, später Ikone des französischen Kinos, singt noch in Vaudeville-Stücken. Es sind die *années folles,* die Pariser sind enthusiastisch und feiern jede Neuerung, vor allem sind sie verrückt nach Unterhaltung: nach Musik aus Amerika, ob Jazz oder Charleston, nach Filmen und populärer Literatur; nach Geselligkeit und nach Orten, an denen sie sich treffen können, um miteinander zu reden, zu feiern, zu diskutieren, zu streiten, kurz: um ein paar Glücksmomente zu ergattern, in denen sie sich der Illusion hingeben können, ein anderes Leben zu leben. Einer dieser Orte wird der *salon de thé* Carette, den Jean Carette und seine Frau Madeleine in jenem Jahr am Trocadéro eröffnen. Madeleine – schon alleine der Name verspricht eine traute Liaison zu allem Zarten und Süßen. Jahrelang thronte die Patronne hinter der Kasse. Heute hängt ihr Konterfei als Ölgemälde über den Köpfen der Gäste und wacht weiter über diesen Ort, seine Wärme und die Kellner.

Doch zurück ins Jahr 1927. Im Carette sitzen Frauen mit Haarschnitten *à la garçonne* und *cloche*-Hüten ohne Rand, die sie tief in die Stirn gezogen haben, und führen elegant ihre Zigaretten an den Mund. Männer in Anzügen und Krawatte lassen sich Anisette mit Eiswürfeln zum Apéro servieren. Die Augen wandern durch das Café und zu den vorbeischlendernden Menschen an der place Trocadéro. Das Carette ist von morgens bis in die Nacht geöffnet – und somit einer der besten Orte in Paris, um auch *en famille*, am Sonntagnachmittag nach dem Spaziergang am Seineufer oder in den Gärten rund um den Eiffelturm einen Kaffee oder Tee zu trinken und dazu ein *croissant aux amandes* oder einen *macaron* zu essen. Das Café war nämlich gleichzeitig eine der besten Pâtisserien von Paris, die nicht zuletzt wegen der einzigartigen Art-déco-Einrichtung und dem Ausblick auf den Eiffelturm schnell den Status eines Süßigkeitentempels erlangte. Schokolade, Nougat, Karamell, Vanille und Pistazie wurden hier auf eine Art und Weise verarbeitet und serviert, die Kinder wie Erwachsene gleichermaßen begeisterte und das Carette zu einem »Generationen-Ort« machte, den man Jahre später gern besucht, um den süßen Erinnerungen der Kindheit nachzuspüren.

CARETTE

Meine Großmutter Renée, 1913 geboren, hat nie vergessen, wie sie als junge Frau das erste Mal ins Carette kam. Sie war mit einer Freundin zu einer Zitronenlimonade und einem großen *macaron caramel au beurre salé* verabredet. Dicht an dicht sitzen die Gäste plaudernd auf der Terrasse, als ein Kellner im schwarzen Anzug und langer weißer Schürze den beiden ihren Platz zuweist. Mit der ausgelassenen Stimmung, dem grandiosen Blick auf den Eiffelturm und dem Lärm der Avenues, die von diesem Platz aus in alle Himmelsrichtungen führen und auf denen pferdegezogene Karossen mit Automobilen wetteifern, fühlt sich Renée zum ersten Mal, seit sie aus ihrer Heimat, der Charente, weggezogen war, in Paris angekommen und frei von Zwängen. Drei Matrosen schlendern in voller Ausgehmontur am Café vorbei und entscheiden sich spontan für einen Drink bei Carette, sie scherzen aufgeregt, wohl wissend, was für einen ungewohnten Anblick sie hier in der drei Stunden vom Atlantik entfernten Hauptstadt abgeben müssen. An der Ecke zur Avenue Kléber lässt sich ein Soldat seine Schuhe bei dem eifrigen Schuhputzer säubern. Auch er wird sich gleich auf der Terrasse des Carette niederlassen. Es ist ein Mit- und Durcheinander von Menschen und Geschichten – bald sind sie miteinander verwoben.

Dieselbe Freiheit wie einst meine Großmutter Renée empfinde ich heute im zweiten Carette an der place des Vosges unter den Arkaden und nah am Pavillon de la Reine. Die place des Vosges ist einer meiner Lieblingsplätze in Paris und wurde im April 1612 mit der pompösen Hochzeit von Elisabeth, der Schwester von Ludwig XIII., eingeweiht. Im Jahr 2009 hat der Inneneinrichter Hubert de Givenchy, Neffe von Monsieur de Givenchy, in der Nummer 25 die raffinierte Atmosphäre des bei Parisern und meiner Großmutter seit der Eröffnung in den Zwanzigern so beliebten *salon de thé* am Trocadéro nachempfunden, ohne den Louis-XIII-Stil des hiesigen Viertels zu verneinen. Seit der Eröffnung besuche ich es oft. Guéridons aus rosa Marmor, Lüster und Kolonnaden, große Spiegel und goldener Stuck, Art-déco-Lämpchen und großartige Vitrinen für die Carette-Pâtisserien – als wäre die Zeit magisch angehalten worden und meine Großmutter würde gleich, am Arm des Soldaten mit den sauber geputzten Schuhen, durch die Tür kommen und sich zu mir setzen.

Kleinstes Café von Paris in einer alten Schuhwerkstatt

BOOT CAFÉ
19 rue du Pont aux Choux
75003 Paris

Der Anblick des Cafés weckt Erinnerungen an Fotografien von Robert Doisneau (zum Beispiel an *Le cordonnier de la rue Pixérécourt*). *Cordonnerie* prangt in schwarzen Lettern an der blätternden, einst knallblauen Fassade und verrät mir den ursprünglichen Zweck des winzigen Lokals, in das gerade einmal zwei Tische passen. Denn hier, in der Mitte der kleinen rue du Pont aux Choux im Norden des Marais, war einst ein Schuster am Werk, wurden Schuhe und Stiefel, Handtaschen, Lederkleidung, Schulranzen und Handschuhe repariert. An der Theke aus Holz begutachtete der Handwerker der Lederzunft die ihm anvertrauten Objekte und handelte einen Preis mit seinen Kunden aus, bevor er ihnen den Rücken zuwandte, um hinter der Theke, mit einer langen Lederschürze bekleidet und der Schiebermütze auf dem Kopf, die Reparaturen gewissenhaft durchzuführen. Dann klopfte oder nähte er, sowohl mit der Hand als auch mit der Nähmaschine, klebte Sohlen und Absätze. Er verkaufte auch Einlagen oder Schnürsenkel.

Passend zu dieser Geschichte heißt das Café heute – auf Englisch wegen seines jetzigen Besitzers – »Boot

CORDONN

Café«. Ich trete ein in den kleinen Raum und rieche noch den Staub, den Klebstoff und das angeraute Leder, ich höre die Nähmaschine und den Hammer. Darunter mischt sich der Duft frisch gerösteten Kaffees und das Dröhnen der großen italienischen Kaffeemaschine. Handwerke verschwinden, die der Schuster wie andere. Heute werden Schuhe industriell gefertigt, günstig verkauft, gar nicht mehr repariert und auch schnell weggeschmissen. Zumindest dieses Café erinnert an die süße *cordonnerie de quartier* und hält an seiner alten, blauen Fassade fest, als wäre alles noch so wie früher. Und sollten nicht beide, Barista wie Schuster, handwerklich begabt sein, sorgsam und geschickt? Ob für die perfekte Ledernaht oder die optimale Milchschaum-Blume auf dem Cappuccino – in beiden Berufen bedarf es Sorgfalt sowie Liebe zum Detail.

Der hippe Caféinhaber, ein New Yorker, der aus Nostalgie oder Geldmangel die Cordonnerie-Lettern an der Fassade beibehalten hat, singt ununterbrochen. Leider nicht *Le petit cordonnier* von Francis Lemarque, jenes dem Schusterhandwerk gewidmete Lied des Komponisten solch bekannter Chansons wie *À Paris*, das ich wegen seiner Einfachheit liebe. Doch das New Yorker Energiebündel liebt eher Gram Parsons, wie ich an den Schwarzweißbildern der Country-Rock-Legende erkennen kann. Er versprüht gute Laune, trinkt lässig seinen eigenen, starken Kaffee von La Brûlerie de Belleville, einer Kafferösterei aus dem Nordosten von Paris, und knabbert an Zitronenscones. Angesichts der vier Quadratmeter

Ladenfläche verstehe ich sofort, warum der Amerikaner in Paris die amerikanische Tradition des *coffee to go* hochhält, des gepflegten Schlenderns mit einem Kaffeebecher in der Hand. Denn sonst würde er mit seinen beiden Tischen und den wenigen selbstdesignten Hockern vor dem Café kaum Umsatz machen. *Coffee to go* in recycelbaren Bechern ist natürlich wenig pariserisch. Mein Freund Mathieu, der mit mir hier im Herzen von Paris aufgewachsen ist, würde sich aufregen. Ich habe trotzdem meinen eigenen Becher dabei. Denn auch in Paris verändert sich die Art, seinen Kaffee zu trinken: auf einer der Pariser Parkbänke statt in geschlossenen Räumen. Als hätte er es geahnt: *These coffees are made for walking*, hat der Amerikaner schon lange auf seine Schaufenster geschrieben, eine Abwandlung von Nancy Sinatras Hit aus den Sechzigern, *These boots are made for walking*.

Für gewöhnlich haben die Pariser Cafés sämtliche Kaffeevarianten im Angebot, auch wenn sie nicht auf der Karte stehen. So auch das Boot Café: Es gibt *café, expresso, express* oder *café noir* (das ist die ganz normale, kleine Tasse mit einem schwarzen, recht starken Espresso), *café double* (also dem doppelten), *café allongé* oder *américain* (also ein mit Wasser gestreckter Kaffee), *café au lait* (mit viel Milch), *noisette* (eine kleine Glastasse voll Espresso mit einem Hauch Milchschaum) sowie *café crème* (der ebenfalls mit Espresso gemacht und mit viel aufgeschäumter Milch serviert wird, trotz der Bezeichnung »crème«). Der *café crème* ist die französische Variante des Cappuccinos, der in Frankreich oft teurer ist als ein *café crème* und zudem oft gesüßt serviert wird. Der *café crème* hat nur manchmal etwas weniger Milch als der *café au lait* und die Bezeichnung ist typisch für Paris – anderswo versteht man *café crème* oft nicht. Für Liebhaber ganz starker Kaffees ist der *café serré* richtig. Das ist die französische Variante des italienischen *ristretto,* der nur mit halb so viel Wasser zubereitet wird. Was ich im Boot Café allerdings vergebens suche, sind *décas* (für *décaféiné*), also koffeinfreie Kaffees. Dafür finde ich aber einen spanischen *cortado*, der mit einem Singleshot Espresso und dem gleichen Anteil heißer Milch verschnitten wird, und ich finde, für die Liebhaber der Chemex-Kaffees, frisch gebrühten und feinporig gefilterten Kaffee.

Ich laufe mit meinem Becher rechts die rue du Pont aux Choux herunter zum boulevard Beaumarchais. Auf dem längsten und üppig von Bäumen beschatteten Boulevard von Paris werde ich wohl eine geeignete Parkbank finden. Später hole ich mir in der historischen *boulangerie-pâtisserie* Beaumarchais, die von meinem brotbegeisterten Bekannten Rodolphe Landemaine und seiner japanischen Frau Yoshimi geführt wird, noch einen *pain au chocolat.*

Bar-tabac zum hartnäckigen Ignorieren des Rauchverbots

LE PROGRÈS
1 rue de Bretagne
75003 Paris

Mathieu gerät ins Schwärmen: »Sie macht die *rillettes* selbst, die musst du probieren.« Für gute Rillettes außerhalb des Département Sarthe, wo sie ursprünglich herstammen und bis heute produziert werden, lasse ich natürlich alles stehen und liegen. Rillettes sind in Frankreich eine Delikatesse. Aus purem Gänsefleisch oder aus Schweineschulter mit Schwarte und Schweineschmalz, gewürzt mit Knoblauchzehen, Thymian, Lorbeerblättern, Muskatnuss, Pfeffer und Salz – das im eigenen Saft und Fett gekochte und konservierte Fleisch passt wunderbar auf ein kräftiges Brot und zu einem Glas Rotwein. *La confiture marron*, braune Marmelade, nennt man sie auch, weil Rillettes karamellisiert werden und dadurch eine schöne braune Färbung erhalten. In der Gegend rund um unser Landhaus an der Loire bei Le Mans gibt es richtig gute Rillettes – ich kenne mich also aus.

Mathieu und ich steigen im Marais Nord aus der Metrostation der Linie 8, Filles du Calvaire, aus. Bei kaltem Wind und für Paris untypischem Schneetreiben empfängt uns der Blick auf eines der ältesten Zirkusgebäude der Welt, *le cirque d'hiver*. Heute in allen Farben illuminiert, preist der Winterzirkus mit Banderolen sein Konzertprogramm zu Ehren Offenbachs und Camille Saint-Saëns' an. Die Melodie von *La vie parisienne* schleicht in mein Ohr, während ich die rue Filles du Calvaire mit Mathieu herunterlaufe, fest entschlossen, die leckeren Rillettes, das frische Baguette sowie den perfekten trockenen Burgunderwein zu genießen, die Mathieu so angepriesen hat. Im Le Progrès angekommen, weiß ich sofort, warum er für den Laden schwärmt und ich mache noch etwas Weiteres aus, was diese *café-tabac-bar* ausmacht: Sie ist ein perfekter Posten für *people watching* im Marais. Man sieht *bourgeois-bohèmes*, kurz *bobos*, jeder Couleur, die sich mit Küsschen-Küsschen, den *bises*, begrüßen, ihre Cafétische besetzen, Beine überschlagen, Ellbogen auf der Tischplatte abstützen und intensiv miteinander plaudern, flirten, lachen und sich wieder verabschieden. Dieses fröhliche Treiben gleicht etwas anderes aus, was ich hier ebenfalls vorfinde und was auf Französisch *parigot* genannt wird: die typische schlechte Laune der Pariser Kellner. Auch ist der Straßenlärm an dieser Ecke zwischen rue Vieille du Temple und rue de Bretagne sehr aufdringlich.

Ins Le Progrès kommen die Leute nicht nur, um an der *bar en zinc* ihren sehr günstigen Espresso zu trinken oder die selbst gemachten Rillettes zu probieren, sondern auch, weil Le Progrès eines der wenigen Pariser Cafés ist, in dem man Zigaretten kaufen und sogar rauchen kann. Denn hier wird – zumindest in der einen oder anderen Ecke des Cafés – das Rauchverbot hartnäckig

Le Progrès
BISTROT
LIMO

ignoriert. *Bars-tabac* waren früher eine heißgeliebte Tradition, nicht nur in Paris, sondern auch in der Provinz, den Kleinstädten und Dörfern. Wer das exklusive, staatlich konzessionierte Recht zum Verkauf von Tabakwaren besaß, durfte von morgens bis abends und ohne wöchentlichen Ruhetag durchgehend öffnen. Vielerorts wurden diese *bars-tabac* dadurch zu Zentren sozialer Kontakte, erkennbar an dem weit sichtbaren roten Zeichen mit zwei Kegeln an der Fassade, die auf die Tabakkonzession hinweisen. Das Bild mit dem roten Doppelkegel prägt ganze Straßenbilder in Frankreichs Innenstädten so nachhaltig, dass man diese Schilder kaum noch wahrnimmt. Ob daher am Le Progrès gleich zwei dieser roten Doppelkegel hängen? Oder weil sie am Abend für durchgehend rotes Licht über der Terrasse sorgen?

Nach unseren ausgesprochen leckeren Rillettes und ein paar Gläsern Rotwein singen Mathieu und ich das famose Lied, das Michel Leeb interpretiert hat, *Y a une boum dans le bar-tabac d'en bas*, klatschen mit anderen Gästen den Rhythmus und sorgen für so gute Laune im Café, dass der Patron uns noch eine Flasche hinstellt.

VIERTES ARRONDISSEMENT

Émilie bei der Fashionweek im Ambiente des 19. Jahrhunderts

CHEZ JULIEN
1 rue du Pont Louis-Philippe
75004 Paris

Fashionweek in Paris. Émilie feiert mit ihren Freundinnen aus dem Modebusiness ihr Wiedersehen im Chez Julien. Das Dekor im Stil des 19. Jahrhunderts ist als *monument historique* klassifiziert – hier befand sich früher eine historische Bäckerei – und lädt zum Wohlfühlen regelrecht ein. Im Jahr 2018 erfüllte der Chef des Bistrot Vivienne, Alexandre Chapon, das Chez Julien mit neuem Leben. Er hatte sich sofort in das Gusseisengitter des ehemaligen Gasthauses »Au pigeon blanc« von 1820 und die Malereien unter Glas vom Atelier Gilbert verliebt, die eine Mühle, Erntearbeiter und Weizensträuße zeigen, und dann entschieden, dass das Café nicht nur mittags und abends geöffnet haben sollte, sondern auch am Morgen. Eine hervorragende Idee: Émilie und ihre Kolleginnen aus aller Welt lieben sein Frühstück – mit Blick auf die Seine sowie die Île Saint-Louis und den Füßen auf dem Pflaster des Marais.

Diese besondere Atmosphäre macht sich auch die Modewelt zunutze: Neunzig verschiedene Modeschauen verschiedener Marken finden in Paris statt. Der Haute Couture gehört der Juli, im Spätsommer geht es um die *mode féminine.* Das Chez Julien ist wie eine kleine magische Klammer zwischen den ganzen offiziellen Empfängen. Zwischen den Showrooms, Aftershows, Cocktails, Partys und den Meetings der FHCM (Fédération de la Haute Couture et de la Mode, die die Pariser Modewochen seit den siebziger Jahren veranstaltet) tut es gut, innezuhalten. Montags sowie Sonntagfrüh ist sowieso nicht viel los an *défilés.* Im Chez Julien lassen sich die letzten Fashionshows Revue passieren. Bei *œufs pochés,* Croissants, *croque-monsieur à la truffe,* selbstgemachtem Granola, Waffeln und Kaffee fliegen die Begriffe aus der Modewelt durch die Luft: *créateurs, tendances, couleurs, mannequins,* Chanel, Dior, Louis Vuitton, Prada, starke Silhouetten, Schuhe, Handtaschen, Details – alles wird am frühen Morgen so heftig diskutiert, dass dem Zuhörer schwindlig wird.

Am Abend verabredet sich Émilie mit einigen Freundinnen – allesamt Schauspielerinnen oder Modejournalistinnen, die sie schon lange kennt – und ein paar Mitarbeitern vom Modelabel Dior im kleinen *salon privé* im ersten Stock. Der gleicht einem Geheimversteck, wie in einer *garçonnière* muss man in einem kleinen Vorraum warten, bevor man in aller Ruhe und bei gedämpfter Atmosphäre auf langen Samtbänken an ovalen Tischen dinieren darf. Der Service stört nicht und wird per Haustelefon bei Bedarf gerufen. Émilie findet das für ihre *Dior en secret*-Treffen sehr charmant und liebt diese diskrete,

RESTAURANT
CROISSANTS
ET
BRIOCHES

geheimnisvolle, außergewöhnliche Aura des *salon privé* im Grande-Époque-Stil im Chez Julien. Den Tipp verdankt sie dem Küchenchef Helmi Derbal selbst, der früher das Restaurant de la Truffe Noire in Neuilly führte. Wo Helmi ist, darf Trüffel auf der Karte nicht fehlen. Beim nächsten Mal probiert sie sicher *tartare de veau et caviar de truffe.*

Liebesgeschichte an der place du Châtelet

LE SARAH BERNHARDT
2 place du Châtelet
Paris 75004

Immer donnerstags traf sich das Pärchen hier heimlich am kleinen, unauffälligen Zweiertisch hinter der Säule. Die Kellner, die diese Liebschaft von Anfang an begleiteten, gar Zeuge ihrer Entstehung hier an der Place du Châtelet, im Herzen von Paris, waren, schenkten den Liebenden ein Augenzwinkern, ein wohlwollendes Lächeln, sobald sie das Café betraten. Das taten sie nie gemeinsam, und nie durch dieselbe Tür: Sie schritt elegant über die Stufen zum Haupteingang, er nahm etwas später den Seiteneingang, als wenn er der Heimlichkeit der Liebschaft wegen über einen Nebenschauplatz dazustoßen müsste.

Das verliebte Paar fühlt sich wohl mit dem Blick auf die mit Art-déco-Lampen beleuchtete klassische Bar, über der ein Porträt von Sarah Bernhardt thront, eine der größten und in der Zeit der Belle Époque beliebtesten Schauspielerinnen des französischen Theaters. Sie gab dem Café seinen Namen und die Inspiration für das Dekor, das Tragödie und Leidenschaft, Schönheit des *fin de siècle*, Eleganz, Pariser Chic, Stil und die Aura des Art nouveau vereint. Die Muse jener Epoche ist hier präsent wie nirgendwo sonst: auf Fotografien, auf Plakaten des

Illustratoren Mucha, durch Theaterrequisiten aus der damaligen Zeit.

Die Verliebten haben es nicht eilig, sie haben einige Stunden trauter Zweisamkeit vor sich, hier an ihrem kleinen Tisch hinter der Säule, und so lassen sie ungeduldigen Gästen beim Bestellen gern den Vorrang. Dem Mann um die fünfzig, der sich am Nebentisch aufregt, zum Beispiel. *»Garçon, s'il vous plaît!«*, versucht er auf sich aufmerksam zu machen. Vergebens. Le Sarah Bernhardt liegt in der Nähe von zwei Theatern. Eines der beiden trug auch eine Weile den Namen Théâtre Sarah Bernhardt, da sie dort nahezu zwanzig Jahre lang in Stücken mitspielte oder deren Regie übernahm. Den Theatern verdankt das Café natürlich auch einen Großteil seiner Gäste. Und in Theatercafés wie diesem ist die Geschwindigkeit des Service am frühen Abend wichtig, weil hier niemand mehr sitzen möchte, wenn die Theaterklingel den zweiten Teil des Stücks einläutet. Deftiges wie Zwiebelsuppe oder Linseneintopf steht auf der Karte für die Zeit vor dem Stück im Châtelet-Theater, Süßes wie *crème brûlée* für die Zeit danach. Sogar ein Salat ist nach Sarah Bernhardt benannt. Ob der Schauspielerin, die man auch die *divine*, die Göttliche, und *la voix d'or*, die goldene Stimme, nannte, Kartoffeln und Schinken gefallen hätten? Sarah Bernhardt war zwar ein in ganz Europa und in Amerika verehrter Star, sie galt aber auch als eine exzentrische, oft überspannte und launische Frau. »Mit ihrer Exzentrik wäre sie hier sicher aufgefallen, hätte aber mit den *garçons* auch ihre Probleme ge-

LA CIMBALI

habt«, raunt der Mann vom Nebentisch seiner Begleitung zu.

Die heutigen Patrons des Cafés, Guy und Julie, nehmen es gelassen und geben ihr Bestes. Manchmal besuchen sie Sarah Bernhardts Grab auf dem Friedhof Père Lachaise im Osten von Paris und legen eine vom Züchter Victor Lemoine nach ihr benannte Pfingstrose auf den Grabstein. Die Sarah Bernhardt in Apfelblütenrosa mit ihrem intensiven Duft ist wahrscheinlich die meistverkaufte Schnittblumen-Pfingstrose weltweit. Und sie passt auch in ihr Café, stellten die Besitzer fest, als eines Tages das verliebte Pärchen zum ersten Mal gemeinsam das Café betrat statt einzeln wie sonst, und die Frau einen lose gebundenen Strauß solcher Rosen und ein gerade geöffnetes, braunes Schmuckkästchen auf den Tisch legte, während der Mann ohne Umschweife auf den Kellner zuging und eine Flasche Champagner und zwei Schalen bestellte. Der Kellner freut sich: *Avec plaisir!* Es gab offensichtlich etwas zu feiern. *Une promesse?*

Lachs, Rosé und *people watching* bis zur blauen Stunde

LE SAINT-RÉGIS
Île Saint-Louis, 6 rue Jean du Bellay
75004 Paris

Sonnenuntergang mit Blick auf die nach dem verheerenden Brand in Gerüsten ummantelte Notre-Dame, den Pont Saint-Louis und die Ufer der *rive gauche,* die sich sacht über die Seine beugen. Wir sitzen in meinem Lieblingscafé, dem St Régis, auf der kleinsten Pariser Insel, der Île Saint-Louis. Bei Jean, dem Spaßmacher-Kellner des Cafés, den wir so nennen, weil er immerzu singt, pfeift oder lacht, haben wir eine Flasche unseres Lieblingsrosés aus der Camargue bestellt. Ein ungewöhnlicher Roséwein, weil die Reben auf dem Sand der Camargue Trauben voll Konzentration und Intensität hervorbringen. Jean hat mir irgendwann einmal erzählt, dass diese Anbauweise in ihrer ursprünglichen Form in der Weinwelt schon fast in Vergessenheit geraten war. Dabei waren die in den südfranzösischen kargen Sand gepflanzten Reben der Domaine Royal de Jarras die einzigen Rebstöcke, die die Reblausplage des 19. Jahrhunderts überlebten. Wir lassen die untergehende Sonne über Paris durch den besten Rosé aus dem Süden Frankreichs scheinen und nehmen einen Schluck aus dem Glas. Welch ein Glück, dass das St Régis für unseren Rosé die passenden

Speisen hat. Ich nehme den geräucherten Lachs, eine *assiette de saumon fumé*, mein Compagnon Matthieu die *sardines d'Espagne avec du beurre fin et du pain grillé*. Wir haben nichts anderes zu tun, als Fisch und Rosé zu genießen. Wir frönen dem *people watching* und erzählen uns gegenseitig Geschichten.

Zum Espresso am Schluss serviert uns Jean noch Nougat von Sénéquier aus dem über 130 Jahre alten roten Café- und Nougathaus von St. Tropez. Das Café Sénéquier an der Côte d'Azur ist leuchtend knallrot, die Fassaden und das Interieur des St Régis dagegen klassisch in retro-schwarz-braunen Nuancen gehalten, lediglich unterbrochen durch goldene Lettern, Silberstreifen, große Glasfronten und dem Reflet der Wein- und Spirituosenflaschen, die ringsum an den Wänden des Lokals auf dunklen Holzregalen stehen. Das dunkelrote Leder der Cafébänke, die in schönen Rundbögen die Mitte des Lokals unterteilen, ist gerade verschlissen genug, um dem Café die richtige, die echte Pariser Patina zu verleihen. Auf ihnen lässt es sich mühelos zum Banknachbarn rutschen, auf der Suche nach einer Schulter, wenn der Kopf von zu viel Rosé etwas schwer geworden ist, so wie jetzt. Der aufmerksame Jean macht die kleine Stehlampe hinter unserer Bank diskret aus. Ruhe kehrt ein, um uns herum und in uns selbst. Die *heure bleue*, dieser fast undefinierbare Moment zwischen Tag und Nacht, wenn die Pariser Häuserfassaden und die Landschaft in ein Blau tauchen und die Vögel zum letzten Mal ihr Abendlied singen, legt sich wie ein Band auf diesen Ru-

RUE
SAINT LOUIS
EN L'ILE

hehafen mit dem zeitlosen Aussehen im Herzen von Paris.

Wortlos schlendern wir nach unserem Rosé und den Fischen im Café St Régis an den Quais de Bourbon und d'Anjou, de Béthune und d'Orléans entlang und bleiben an der place Louis Aragon hängen, weiter in unseren Träumereien gefangen. An den Platz grenzen keinerlei Häuser, es sieht so aus, als würde er frei über der Seine hängen. Die Île Saint-Louis hat sich seit dem 17. Jahrhundert zum privilegierten Wohnort der Bourgoisie entwickelt und die architektonische Einheit und Atmosphäre einer Kleinstadt in der Großstadt beibehalten – hier an diesem Platz unweit des Café St Régis spüren wir dies besonders. 11, 8, 4: Matthieu kennt sich aus und verrät mir die Zahlen der Insel: 11 Hektar groß ist sie, 8 Straßen gibt es und 4 Quais. Ich merke, dass er mir die Zahl der Plätze und verbindenden Brücken vorenthalten hat. Dafür lesen wir auf einer blauen Tafel, wie Aragon, Namensgeber dieses Platzes, die Insel bezeichnete: *L'île au cœur de la ville où tout est tranquille éternellement* – die Insel im Herzen der Stadt, in der alles ruhig ist, unendlich. Um uns herum kehrt diese *tranquillité* in die luxuriösen, palastartigen *hôtels particuliers* ein, deren Fassaden gen Norden auf die *rive droite* blicken. Nun weiß ich, warum die Insel Île des Palais heißt.

Bohème- und Künstlercafé am Ufer der Seine

L'ÉBOUILLANTÉ
6 rue des barres
75004 Paris

In den frühen Siebzigern schlurft Gali aus seinem Atelier heraus, sein Gang ist lässig, etwas fahrig. Der kosmopolite Künstler hatte nie vor, aus seinem Atelier ein Café zu machen. Seine zahlreichen Freunde waren damals alle ebenfalls Künstler, Galeristen oder Kunstagenten. Sein Atelier an dem Platz unweit des Seineufers, der den Blick freigibt auf die schwer und langsam über das dunkle Flusswasser gleitenden *péniches,* ist schon damals beliebt gewesen. Die Lage neben der ältesten Insel von Paris, der Île Saint-Louis, und doch am Rande der in jenen Tagen noch von verarmten Künstlern besiedelten, unrenovierten, von Ratten und anderem Geziefer geplagten Viertel des Marais, war so bedürftig, dass ihn alle bedrängen: *Allez, Gali, si tu en fais un café, on participe, on paye notre thé!* Tatsächlich zieht mit Gali etwas Bohème auf diesen Platz nahe der Métro Pont Marie.

Am Anfang setzen sich seine Freunde einfach auf das Pflaster, auf dem früher die Seinemühlen standen und das vor dem Café in breiten Stufen leicht abfällt. Leise Musik tönt aus Galis Handwerksschuppen. Man nimmt Rücksicht auf die Église Saint-Gervais-Saint-Protais um die Ecke, der ältesten Kirche *rive droite* von Paris mit ihren hier ebenfalls seit den Siebzigern lebenden Mönchen und Nonnen aus den *Fraternités monastiques de Jérusalem,* und freut sich am Nebeneinander der Künstler und der in Zurückgezogenheit lebenden Gläubigen. Immer öfter kommen Kuchen und Spezialitäten aus den Ländern, die Gali auf seinen Reisen entdeckt, hier auf den Tisch. Gali stellt sich vor, wie der Duft der tunesischen und marokkanischen Gewürze die Mönche und Nonnen erreicht und diese womöglich Appetit bekommen. Er hat viel Vegetarisches im Angebot, was in den frühen Siebzigern mitten in Paris noch modern-exotisch anmutet. Doch was als Augenzwinkern und Erinnerung an ferne Reisen begann, findet zunehmend Anklang. Also stellt Gali immer mehr Stühle auf das Pflaster und organisiert sich eine Konzession, um Tee, Kaffee, Kuchen und Speisen zu verkaufen.

Gali kann sich nicht entsinnen, wer dem Ort den Namen Ébouillanté, also »der Verbrühte«, gegeben hat. Gedankenverloren schaut er nach unten und lächelt still in sich hinein. Die junge Sisa vielleicht, die hübsche Malerin aus *rive gauche* (*rive gauche, rive droite*, so waren für ihn die Pariser zu unterteilen), die immer morgens kam und ihren Tee sehr heiß bestellte. *»Mais – tu veux m'ébouillanter?«*, schrie sie jedes Mal charmant auf, wenn er mit der dampfenden Tasse zu ihr kam. Sisa … das waren Zeiten!

Heute ist Gali schon lange nicht mehr hier. L'Ébouillanté hat sich seit Galis und Sisas Zeiten kaum verändert. Die

Musik ist jetzt vielleicht etwas klassischer. Die Fassade hat ein paar Schichten blauer Farbe mehr zu tragen. Die Karte ist vielfältiger geworden. Den *brick tunisien*, eine tunesische gefüllte Crêpe, steht aber immer noch darauf, wie zu Anfangszeiten. Und wie damals hat man in diesem kleinen, blauen Café auch heute noch mehr als an jedem anderen Ort in Paris das Gefühl, mitten im Dorf zu stehen. *Paris est un village …*

Die Nachfolger Galis haben dessen Tradition der Weinflasche auf dem Tisch beibehalten: Man zahlt nur so viel, wie man trinkt. Genau das haben wir vor, als wir uns an diesem Samstagabend zu acht an zwei Tische setzen. Nach wie vor frei von Verkehr und ein klein bisschen aus der Zeit gefallen ist die Terrasse mit dem Blick auf den Platz und die zum Teil efeuberankten, mittelalterlichen Häuser *à la colombage* sicher das Schönste am L'Ébouillanté. Nur Kenner gehen mal in den ersten Stock, wo einmal im Jahr die prämierten Bilder des Preisträgers des vom Café ausgerufenen *Prix de la Peinture* ausgestellt werden. Doch heute interessieren uns diese nicht. Im letzten Licht der untergehenden Sonne lachen wir uns an, reichen die Weinflasche hin und her, reden über Gott und die Welt, schieben unsere Sonnenbrillen näher an die Nasen ran und werden offensichtlich von den Passanten, die die Straße in Richtung Seine und Notre-Dame hinunterlaufen, um unsere gute Laune beneidet.

Tipp:
In der gleichen Straße befindet sich auch das »Chez Julien«. Sollten Sie dort mal essen, schauen Sie unbedingt nach oben auf die mit einem Vogelschwarm bemalte Himmelsdecke. Gali hat es gefallen.

FÜNFTES ARRONDISSEMENT

Kamillen-Rosenknospentee im Bücherbohème-Café

CAFÉ SHAKESPEARE & COMPANY
35 rue de la Bûcherie
75005 Paris

Marie reibt sich die Hände vor Kälte. Paris zeigt sich von seiner klirrenden, milchig weißen Winterseite und ausgerechnet heute streiken mal wieder die Angestellten der Metrogesellschaft, sodass wir von der Gare du Nord bis zu Saint-Michel wohl im Stechschritt laufen müssen, um rechtzeitig zu unserem Termin zu kommen, geschätzte sechs Kilometer von Nord nach Süd: den boulevard de Magenta runter, dann den boulevard de Strasbourg und den boulevard de Sébastopol entlang, an der Conciergerie vorbei, um dann am quai Saint-Michel Richtung Osten zu drehen und schießlich den quai Saint-Bernard zu erreichen, wo Marie am Nachmittag ihre Ausbildung in der Ménagerie des *Jardin des Plantes*, des größten Zoologischen Gartens und ältesten Zoos der Welt, anfangen soll. Für Pariser Verhältnisse sind auf unserer Strecke erstaunlich viele Menschen wie wir zu Fuß unterwegs, der Autoverkehr hat nicht überhandgenommen und lärmt entlang der Boulevards nicht. Angenehm, finde ich.

An den Seinequais angekommen, schalten wir einen

Gang runter und schlendern an den geschlossenen, grünen Kästen der Bouquiniers entlang und blicken in Richtung Norden auf die Baustelle, die nach der Brandkatastrophe Notre-Dame umhüllt. Wir sind schnell gelaufen und haben nun doch noch Zeit. Kurzentschlossen machen wir Halt im jungen Café Shakespeare & Company. Beim Eintreten beschlägt meine Brille. Die studentische Bedienung muss lachen, als wir uns der Theke nähern, um die *scones, fruit pies, chocolate brownies* oder Zimtschnecken zu begutachten, die uns Appetit machen. Überall liegen Bücher, die Kaffee oder Tee in ihrem Titel tragen – Jocelyne Rapinacs *Freedom Fries and Cafe Creme* oder die Stories von ZZ Packer, *Drinking Coffee Elsewhere* zum Beispiel –, sowie internationale Zeitungen und Zeitschriften – wir sind im Shakespeare & Company. Irgendwie spürt man das, obwohl die Patina der Buchhandlung eindeutig Mangelware ist und die Mauersteine und Bodenfliesen aus den Siebzigern bemüht wirken. Ein bisschen Unkonventionalität, ein bisschen Internationalität, viel Improvisation. Das Café war schon lange der Traum der angrenzenden, unabhängigen und legendären Buchhandlung, in der bereits in den sechziger Jahren, so prangt es auf der Karte, heftig nach *lemon pie* gerufen wurde: *»There's only one way to make a good lemon pie, you know«* (George Whitman, 1969).

In der Tat wäre der schon verstorbene Gründer George Whitman heute sicher glücklich über das Café, für dessen Erlaubnis er jahrelang jeden Monat bei seinen Nachbarn angeklopft hatte. Anstelle der Papeterie ist nun

SHAKESPEARE AND COMPANY Café

neben dem kleinen Jardin Saint-Julien-le-Pauvre ein einfaches Café von seiner Tochter eröffnet worden, mit leckerem Tee von Postcards Tea London sowie Kaffee aus Äthiopien und Brasilien vom Café Lomi, das eigene Plantagen und ein Geschäft im 18. Arrondissement unterhält. Wir entscheiden uns für einen Tee – ich für einen Earl Grey mit Bergamottenöl aus Kalabrien und Marie für einen Tricolore mit Kamille, Zitronenverbene und jungen Rosenknospen – und einen *apple pie.* Damit setzen wir uns an einen der freien Tische am Fenster, die eng beieinanderstehen, mit Blick auf die umhüllte Notre-Dame. Wären James Baldwin, Anaïs Nin, Julio Cortázar, Lawrence Durrell, Henry Miller, Richard Wright, Allen Ginsberg oder William Burroughs, die alle in der Buchhandlung ihres Gönners, Freundes, Buchhändlers des Vertrauens und des Bohémiens Whitman unendlich viel Zeit zwischen Bücherregalen verbrachten – auf den Holzstufen der Treppen, die die vielen verwinkelten Etagen verbinden, oder auf einer der *chaises longues* oder Sofas, die inmitten der Bücher standen – noch am Leben, würden sie zwischen einem *café noisette* oder einem Pfefferminztee wählen und sich in eines der Bücher vertiefen. Marie und ich unterhalten uns über die Namen der Gerichte wie *the Flapjack Kerouac* oder *soup of the days*, die nach Autoren benannt sind. Marie wärmt sich die Hände an ihrem Tee, der, frisch aufgegossen, noch lange ziehen muss, und schwärmt davon, was sie von ihrer Ausbildung in der nahe gelegenen *Ménagerie* erwartet: Südpudus, Leoparden aus dem Norden Chinas, Schneeziegen,

Plusterschweine und Flamingos ... Beim Erzählen leuchten ihre Augen, sie hebt leicht ihre Schultern und blickt dabei gen Decke in eine imaginäre Welt, die sie umhüllt. Marie, mit ihrer Teetasse in beiden Händen, in Träumereien von Flamingos und Südpudus versunken, das verbinde ich mit dem Shakespeare & Company.

SECHSTES ARRONDISSEMENT

Laisser-faire und *laisser-vivre* inmitten des Beaux-Arts-Viertels

LA PALETTE
43 rue de Seine
75006 Paris

La palette, die Farbpalette ... Maler und Künstler kehrten hier ein! Zwischen den beiden Weltkriegen hat der damalige Besitzer einfach einen Billardtisch in das schon länger bestehende kleine *bistroquet* gestellt und es damit zu einem Treffpunkt gemacht. Galeristen, Buchhändler, Architekten, Antiquitätenhändler und Studenten der nahe gelegenen Kunstschule Beaux-Arts de Paris gingen hier ein und aus – doch geprägt wurde es bald von Künstlern, Malern, Intellektuellen. André Breton hielt hier seinen Zirkel ab, Maler wie Pablo Picasso und Georges Braque, aber auch unbekannte Künstler kamen so zahlreich her, dass man dem Café in den fünfziger Jahren den Namen *La Palette* verpasste. Die Palette und die Gemälde an den Wänden erinnern an die Zeit, in der die meist in ärmlichen Verhältnissen lebenden, wenig begüterten Künstler und Autoren der *rive gauche* ihre Café-Schulden mit eigenen Kunstwerken bezahlten. Lange ist es her.

Die Gespräche der Gäste heute – ob Maler oder Schriftsteller, Anwohner oder Stammgäste, Geschäftsleute oder

Freunde des Cafébesitzers – kreisen aber wie damals um alles, was es sonst auch »zu Hause« zu besprechen gäbe, nur dass hier die Zeit etwas stillsteht und in der rue de Seine angehalten wird. Man kommt vorbei für ein herzhaftes Lachen, einen kräftigen Händedruck, für eine Verabredung unter Freunden oder Geschäftspartnern, eine philosophische Diskussion oder einfach nur für zwei Gläser Bordeaux oder einen Montagny. In alter Tradition kann es in diesem unter Denkmalschutz stehenden Ort auch rund um ein *steack de cheval*, ein *tartare de bœuf* oder *confit de canard*, einen *croque-madame* oder *croque-monsieur* mit *pain Poilâne* oder Omelettes aus Bioeiern geschehen. Es muss aber nicht. Laeticia Casta, mit der ich auf einen Drink verabredet bin, reicht ein *citron gazeux*. Der Patron serviert ihn ihr sonst gerne auf der Terrasse, die sich zur rue Jacques-Callot öffnet, doch mittlerweile sitzt die berühmte Künstlerin lieber in der hintersten Ecke des Cafés und schmiegt sich in die dunkle Sitzbank aus Leder. Dieser Raum mit seinen Keramiken aus den dreißiger und vierziger Jahren ist ohnehin der schönste Platz des Cafés.

Laeticia schiebt ihre Stirn elegant mit zwei, drei Fingern leicht nach oben, schaut mir streng und direkt in die Augen, wirft mit großer Geste ihre braune Mähne über die Schulter, tut so, als würde sie posen – und prustet los. Wir beide können unseren Lachkrampf kaum bändigen. Wie schön ist das Wiedersehen und wie schön ist das Leben! Paul Auster hat in seinem Roman *Invisible* seine Hauptperson mehrmals hier Platz nehmen lassen,

LA PALETTE
LA PALETTE
SAUF

und auch Laeticia scheint, so wie sie vor mir sitzt, wenn nicht einem Roman, dann zumindest einem Film entsprungen. Das liebe ich, diese Unkompliziertheit, mit der bekannte wie unbekannte Persönlichkeiten hier nebeneinander sitzen und das Pariser Leben genießen, mit seinem *laisser faire* und seinem *savoir vivre*, das es braucht, um sich im Herzen von Saint-Germain-des-Prés *à la maison* – zu Hause – zu fühlen.

Feiner Jazz zu später Stunde in legendärer Kulisse

LES DEUX MAGOTS
6 place Saint-Germain-des-Prés
75006 Paris

Direkt über den Gästen schweben die beiden chinesischen Händlerfiguren in ihren buntverzierten, fernöstlichen Gewändern, die dem berühmten Café seinen Namen gaben (*magot* heißt zwar umgangssprachlich Geld oder Beute, hier allerdings sind die *magota*, Porzellanfiguren aus Fernost, namensgebend gewesen). Einst befand sich hier nämlich eines der ersten Handelsgeschäfte für fernöstliche Waren. Nicht nur prachtvolle Seide, Tee und Gewürze, sondern auch Kunstgewerbeartikel, Porzellanfiguren, Blei- und Kupfergegenstände gingen ab 1812 in der rue de Buci, später dann am heutigen Standort über den Ladentisch.

Ich wohne gleich um die Ecke und bin mit meinen Freunden Gordon und Adrian verabredet, die ich aus unserer gemeinsamen Zeit in Yantai auf der Halbinsel Shandong kenne und die für ein Architektenbüro arbeiten, das unter anderem den 310 Meter hohen Pearl River Tower in Guangzhou entwarf. Wir wollen uns bei einem frühen Abendapéro mit einem Teller *escargots géants de Bourgogne* und einer Flasche Chambolle Musigny AOC – Les Fremières 2015 aus dem Domaine Roux treffen. Den Wein haben Gordon und Adrian schon bestellt, wie ich von weitem sehe. Für die *escargots* haben sie wohl auf mich gewartet. Während ich mir den Weg zu ihnen bahne, vorbei an ziemlich eng beieinanderstehenden Tischen und Kellnern in schwarz-weißen Anzügen, die Teil des Dekors darstellen, stelle ich mir vor, wie hier einst die Kunden der Pariser fernöstlichen Handelsniederlassung die frische Ware aus dem Handelsplatz Kanton, der südchinesischen Hafenstadt Guangzhou, die im Bauch der vielen Frachtschiffe nach Europa kam, in die Hände nahmen und abwogen. Kanton, das kennen Gordon und Adrian auch ganz gut. Mein Blick kehrt zurück zu den »deux magots«. Ich betrachte sie, wie sie, hölzern und steif, fast lebensgroß, geduldig dasitzen, friedvoll und zeitgleich grotesk über dem Saal hocken und mit ihren vier Augen in die Ferne schauen, als wären sie weitgereiste Zuschauer und hätten mit dem wuseligen Caféleben auf den Moleskine-roten Lederbänken und patinierten Akazientischen unter ihnen wenig gemein. Wir sind in einem Café-Theaterdekor aus der Jahrhundertwende, mit sämtlichen Requisiten, die dazugehören. Im Jahr 1885 entstand das Café, doch die Figuren sind weit älter. Waren es immer zwei? Der Schriftsteller Anatole France schrieb in seinen Erinnerungen von drei Figuren …

Egal ob vier oder sechs Augen, viel haben sie auf jeden Fall gesehen, seit sie da auf ihrem Holzsockel thronen: Wie James Joyce hier seinen Weißwein zu sich nahm, wie Albert Camus, Jean-Paul Sartre und Simone de Beauvoir heiß diskutierten oder wie sich Oscar Wilde hier die Kante gab, nachdem er England verlassen hatte. Und viele, viele andere sahen sie ein und aus gehen: Arthur Rimbaud, Paul Verlaine, Stéphane Mallarmé, Pablo Picasso, Fernand Léger, Bertolt Brecht, Charles Sutherland, Alfred Jarry, Foujita, Guillaume Apollinaire, Elsa Triolet, Louis Aragon, André Gide, Jean Giraudoux … Nicht jede intellektuelle Strömung fand im *Deux Magots* Gehör, doch manche sind so untrennbar mit dem Ort verbunden, dass Touristen hierher pilgern, um sich auf deren Spuren zu begeben, auf die des Surrealismus unter André Breton oder des Existentialismus unter Sartre und de Beauvoir. Letzteren war sogar immer ein Tisch reserviert. Um dem literarischen Legendenstatus noch die Krone aufzusetzen, wurde 1933 der Prix des Deux Magots erkoren, als Gegenpart zu dem als zu akademisch empfundenen Prix Goncourt. Er wird heute noch verliehen.

Gordon und Adrian winken mir zu und heben schon mal die Gläser mit dem feinen Burgunderwein hoch. Dann reichen sie mir meines zur Begrüßung und wir fallen uns in die Arme. Dabei verschütten wir den Wein natürlich, »wie schade … bei dem guten Tropfen«, denke ich mir, doch die Wiedersehensfreude ist groß. Der Abend verfliegt im Nu und natürlich bleibt es nicht bei dem einen Dutzend *escargots* und einer Flasche Wein, es gibt zu viel zu erzählen und wir wollen nicht gehen. Das *Deux Magots* entfaltet seine Gastfreundlichkeit. Zum warmen Hintergrundgeräusch der Unterhaltungen der an-

LES DEUX MAGOTS
LES DEUX MAGOTS

deren gesellt sich eine feine Jazznuance, es ist Donnerstag und in einer Ecke des Cafés spielt in Erinnerung an die Jazzvergangenheit des Saint-Germain-des-Prés in diskreter Lautstärke ein Trio und macht das Ambiente komplett, bis gegen 1 Uhr die Kellner so offensichtlich ab- und für den nächsten Tag neu eindecken, dass jedem klar wird: *Les Deux Magots* geht bald schlafen.

Elsässische *choucroute* und pikante Unterhaltungen

BRASSERIE LIPP
151 boulevard Saint-Germain
75006 Paris

Es ist August und die Stadt leert sich, die Pariser verlassen die Metropole für den Urlaub auf dem Land, Geschäfte schließen für die Sommerwochen und Paris wird den Touristen überlassen. Es ist Dienstag und im Lipp, der legendären Brasserie am boulevard Saint-Germain, steht wie seit über 70 Jahren die *blanquette de veau à l'ancienne* als Empfehlung auf der Tageskarte. Claire sieht wie immer elegant aus in ihrem Chanel-Kostüm, obwohl es schon bessere Tage gesehen hat. »Klassik stirbt nie aus«, sagte die ältere Dame erst kürzlich trotzig zu ihrer alten Freundin Madeleine, wobei sie ihre kurze, in die Jahre gekommene Tweedjacke energisch nach unten zog. An diesem Dienstag sitzt sie mit Madeleine wieder im hinteren Teil des Saales, auf dem braunen Moleskine-Kunstleder der Bänke, die den Raum seit den 1920er-Jahren schmücken und wunderbar mit den kunstvoll von Charles Garry bemalten Wänden und dem Stuck harmonieren. Claire weiß noch genau, wie sie als Schulmädchen, von ihren Großeltern sonntäglich zum Essen ausgeführt, die vielen Spiegel an den Wänden bewunderte. Heute sieht sie sich nicht nur selbst doppelt und dreifach, sondern auch die Silhouetten der Gäste um sie herum. Die Personen im Saal werden vielfach reflektiert, was den Eindruck der Leere mildert, den die auseinandergerückten Tische erzeugen. »Wenn das hier im Lipp immer so ausgesehen hätte«, denkt sie laut, während der Blick über die Abstand haltenden Tische wandert, »hätte ich nie all die wunderbaren, hitzigen, verliebten oder aufregenden Unterhaltungen der anderen Gäste aufschnappen können.« Madeleine empört sich etwas. »*Non, non*, ich höre nie bewusst zu«, beschwichtigt Claire, »aber ich kann doch nichts dafür, wenn mir etwas Pikantes zu Ohren kommt.«

Claire prüft rasch in einem der Spiegel, ob ihre Frisur noch akkurat sitzt und der französisch-klassisch rote Lippenstift noch nicht verschmiert ist. Dann vertieft sie sich in die Karte und fragt Madeleine und sich selbst, ob sie lieber den *hareng Bismark*, einen Heringteller, oder doch Sauerkraut, *choucroute garnie,* nehmen soll. »Wusstest du, Madeleine, das Lipp ist seit 1880, nachdem Léonard Lipp und seine Frau mit dem originellen Vornamen Pétronille aus dem von den Deutschen besetztem Elsass flohen und ihre Brasserie am boulevard Saint-Germain eröffneten, für Sauerkraut und Cervelat sowie das gute elsässische Bier bekannt. Berühmte Gäste wie die Dichter Verlaine und Apollinaire wussten es zu schätzen. Ich halte es wie Apollinaire: Ich nehme die *choucroute.*«

Der Lyriker Guillaume Apollinaire und *choucroute* – welch ungleiches Paar und doch hier im Lipp vorstellbar.

Während sie auf ihren Apéritif wartet, summt Claire das Gedicht aus der Sammlung *Alcools*, »Le Pont Mirabeau«, das Léo Ferré vertonte: *»Sous le pont Mirabeau coule la Seine et nos amours …«* Die bösen Blicke der Freundin, die ihre Gesangskunst in der Brasserie nun wirklich fehl am Platz findet, lassen sie verstummen. Gelangweilt blickt sich Claire um. Wird sie ihr Ferré-Solo eben zu Hause fertig singen, sie hat auch nichts anderes vor, im August ist in Paris nichts los. Obwohl … Die Blicke des netten Herren vom Nachbartisch regen ihre Fantasie an. »Etwas zu alt für mich, oder nicht?«, denkt sie, obwohl die beiden sicher gleich viele Jahre zählen. Claire fühlt sich auf einmal wie in einer Szene aus dem Film Pierre Granier-Deferres von 1966, *Paris au mois d'août,* in der die Schauspielerin Susan Hampshire an der Seite von Charles Aznavour in der Brasserie Lipp sitzt. Die junge Engländerin kam für ein Shooting in die französische Hauptstadt und erlebte hier im von Menschen und Autos verlassenen Paris eine Affäre mit einem Mann, dessen Frau und Kinder in den Sommerferien sind. Es ist die letzte Liebesgeschichte eines 40-Jährigen, der all seine Verpflichtungen über Bord wirft, um eine große Leidenschaft zu erleben, die umso heftiger wird, da sie durch das Ende des Sommermonats August zum Scheitern verurteilt ist.

Claire sinkt am Tisch leicht in sich zusammen und seufzt. Ihre Freundin Madeleine ahnt natürlich nichts von deren fantasievollen Gedanken und missdeutet die Geste als Ungeduld dem Service gegenüber. »Aber nein«, wehrt Claire verärgert die Trostversuche Madeleines ab, »du verstehst ja nichts.« Dann reißt sie sich zusammen und spricht, um sich von ihren Gedanken abzulenken, Claude Guittard, den Chef des Hauses an, der gerade seine kleine Saalrunde macht: »Erzählen Sie uns, Claude, was so eine Brasserie ausmacht und wo der Unterschied zu einem Café oder gar *bistrot* liegt? Ich habe Ihr Interview dazu in *Madame Figaro* gelesen.« Claude kennt Claire, seitdem er das Haus von seinen Vorgängern übernommen hat, und geht auf ihren Wunsch ein. »Eine Brasserie heißt so, weil dort früher Bier gebraut wurde. Man sagt *brasser*. Es waren Elsässer, die diese Tradition und somit die elsässische ›Seele‹ im 19. Jahrhundert in die Hauptstadt brachten. In einer Brasserie wird also Wert auf gutes Bier gelegt, vorwiegend aus dem Elsass natürlich, und auf eine durchgängig vielfältige Karte. Sie kennen unsere klassischen Gerichte: Die *choucroute*, die Sie heute bestellt haben, ist übrigens unser drittmeist bestelltes Gericht.« Claire ist hoch erfreut, dass Claude ihre Frage so ernst nimmt, und ergänzt wie eine Schülerin: »Ja, und das *bistrot* führten bekanntermaßen die russischen Soldaten ein …«

»Und das *café*, Claude?«, fragt Madeleine. Dieser hat zwar viel zu tun, aber nimmt sich die Zeit. Er hat selbst als Kellner gearbeitet, bevor er das *établissement* übernahm, und die Empathie für seine Kunden hat er verinnerlicht. »Im *café* sitzt man fast ausschließlich zum Trinken, man bringt Zeit mit, um zu plaudern. Die Küche ist leicht und bietet nur wenige kleine Gerichte an – ein *croque-monsieur*, ein Salat, ein Sandwich. Hier in *rive gauche* kamen Brasserien bei der Klientel aus dem intellektuellen Milieu, Politikern und Literaten gut an. Sie sind auch auch ein idealer Ort, um am beliebten Spiel des Sehens und Gesehenwerdens teilzunehmen.« Claude macht eine ausladende Armbewegung in Richtung der vielen Spiegel in seinem Lokal: *La preuve!* Dann widmet er sich rasch anderen Gästen zu. Claire schaut wieder in die Spiegel, die die *mise en scène* des Lipp kennzeichnen: Ja, Sehen und Gesehenwerden. Hier ist sie am richtigen Platz!

Seit 1935 verleiht das Lipp einen eigenen Literaturpreis an junge Autorinnen und Autoren, den Prix Cazes, und die literaturinteressierte Claire hat kein einziges Jahr verpasst. In ihrer Pariser Wohnung füllen die Ausgaben der Preisträger ein ganzes Bücherregal. Es fehlt ihr nur der Titel des diesjährigen Preisträgers: *Un automne de Flaubert* von Alexandre Postel. Ein Herbst von Flaubert. »Weißt du was«, sagt Claire zu Madeleine, »so werde ich die nächsten Wochen verbringen, mit Lesen im Lipp.«

Über Literatur philosophieren mit Gallimard

CAFÉ DE FLORE
172 boulevard Saint-Germain
75006 Paris

Unter alten Spiegeln, inmitten einer Einrichtung aus Mahagoni, die für die damalige Epoche klassischer nicht sein könnte, lässt sich ein gewisser Raymond Queneau nieder, wie immer in Anzug, Krawatte und seinem langen beigen Trenchcoat. Doch an diesem Tag im Jahr 1959 hat Raymond auch einen schottenkarierten Schal um den Hals gewickelt, den ihm der Kellner, den Queneau durch seine schwarzumrandete, strenge Brille freundlich anlächelt, gern ausreden möchte. *»Allez, M. Raymond«*, so nennt er ihn stets, »so kalt ist es doch bei uns auf der Terrasse nicht. Schauen Sie mal, ich ziehe den Bistrotisch etwas nach hinten, dann flattert auch gleich weniger Wind durch Ihre Papiere.« Wie immer hat Raymond Queneau seine Ledermappe mit den vielen handgeschriebenen Einzelblättern dabei, aber heute stellt er noch mehr auf die Marmorplatte des kleinen runden Tisches: seine neueste Buchveröffentlichung. Queneau hat gerade *Zazie in der Metro* veröffentlicht, das in Frankreich sofort zum Bestseller und mit den Jahren zum Kultbuch avancieren wird. Ein Jahr später wird Queneau die Zazie-Verfilmung von Louis Malle hier im Café de

Café de Flore
FLORE

Flore feiern: mit der jungen Hauptdarstellerin Catherine Demongeot, deren Bild bis heute auf vielen französischen *Zazie*-Ausgaben prangt. Wäre die ungefähr dreizehnjährige Zazie eine echte Person und keine literarische Figur, so hätte auch sie hier mitgefeiert – im bunten, bohèmehaften Freundeskreis ihres Onkels Gabriel, bei dem sie das Wochenende verbringt, weil ihre Mutter sich ungestört mit ihrem Liebhaber vergnügen möchte.

Der Verlag Gallimard, bei dem Queneau viele Jahre als Lektor und Direktor der Reihe *Bibliothèque de la Pléiade* gearbeitet hat, liegt ganz in der Nähe des Café de Flore. Queneau musste nur aus der rue Gaston Gallimard nach rechts in die rue de l'Université abbiegen um später in die Ecke zum boulevard Saint-Germain, an der sich das Café de Flore befindet. Queneaus Verlagsheimat Gallimard wurde 1911 gegründet. Das Café de Flore gab es da schon bald ein Vierteljahrhundert, war aber am Anfang nicht sonderlich gut und nicht sonderlich bekannt. Mit Antoine Gallimard, dem Enkel des Verlagsgründers, trinke ich ein Glas und lasse die vielen Literaten und Künstlerinnen Revue passieren, die in diesem Café einst saßen. »Also gefühlt fand hier jedes literarische Treffen, jede philosophische Diskussion, jede künstlerische Träumerei statt«, sagt Antoine ernst, obwohl er genau weiß, dass es in Paris viele weitere Hotspots der Literatur und Kunst gab, das Café Les Deux Magots zum Beispiel.

Gallimard erzählt von Guillaume Apollinaire, der immer morgens in das Café de Flore kam. In der Nähe des

Ofens machte er es sich gemütlich und benutzte das Café als Schreibwerkstatt. Der Verfasser von *Alcools* sorgte für Präsenz und Umsatz. Vor allem aber zog er seine Freunde an, allen voran André Breton und Pierre Reverdy, sowie Louis Aragon und Paul Éluard. Früher oder später kamen Françoise Sagan, Picasso, Giacometti und sogar Boris Vian. Sie alle und mit ihnen viele Protagonisten des Films, ob Schauspieler oder Filmemacher, machten aus dem Café de Flore ihr Hauptquartier. Nach einer Film- oder Theaterpremiere oder einfach nur so – hier fanden sich alle Pariser Intellektuellen bis auf wenige Ausnahmen ein. Legendär sind die Stunden und Tage, in denen sich das bekannteste Paar der Existentialisten, Jean-Paul Sartre und Simone de Beauvoir, in der mit einem neuen leistungsstarken Ofen beheizten ersten Etage des Cafés niederlässt. Erst verwandelt Simone, dann der aus der französischen Armee und deutschen Gefangenschaft heimgekehrte Jean-Paul den Raum in einen Schreib- und Diskussionsort. Einige Jahre später verblasst zwar die Erinnerung an jene Tage, doch Sartre und de Beauvoir wird man auf immer mit dem Café verbinden.

In den achtziger Jahren übernimmt Miroslav Siljegovic, der auch *rive gauche* La Closerie des Lilas betreibt, das Café de Flore. 1994 belebt er mit dem Prix de Flore die literarische Tradition seines Lokals und prämiert immer im November ein junges, vielversprechendes Talent. Solch eines war zu seiner Zeit auch irgendwann mal – und viel früher als de Beauvoir oder Sartre – der Schriftsteller Léon-Paul Fargue. Der »Dichter von Paris« kam ins Café de Flore, um seine stundenlangen Streifzüge durch Paris – von Montmartre zu den Cafés der Champs-Élysées, durch das Marais und den Jardin des Plantes oder über den boulevard Saint-Germain nach Montparnasse – für eine Pause zu unterbrechen. In seinem Buch *Le piéton de Paris* spiegelt sich seine Liebe zu seiner Heimatstadt in den Aufzeichnungen seiner Wanderungen wider, in denen er die Stadt in all ihren Winkeln und Eigentümlichkeiten, mit all ihren Menschen und ihrer Kultur schildert. »Und dies mit solch leichter Hand und fast impressionistischer Genauigkeit«, sagt Antoine, »dass wir als Verlag gar nicht anders konnten, als den Band herauszugeben.«

Den 1947 verstorbenen Schriftsteller auf seinen schönsten Spaziergängen durch Paris zu begleiten und mit ihm gemeinsam zu flanieren, das geht heute nur durch seine Literatur. In Gedenken an ihn stoßen Antoine und ich mit einem weiteren Glas an und freuen uns über den Poeten, der die Pariser Seele liebte und sie sprachlich einfangen konnte wie kein anderer. Ein bisschen von dieser Pariser Seele ist noch immer im Café de Flore spürbar, finde ich.

Kiki de Montparnasse, Schönheitsikone von Malern und Fotografen

CAFÉ DE LA ROTONDE
Montparnasse
105 boulevard du Montparnasse
75006 Paris

Lange Zeit durften Frauen nur in männlicher Begleitung ins Café de la Rotonde. Und danach nur mit Hut. Kiki de Montparnasse, charismatische Künstlerin, Sängerin, Aktmodell und Muse vieler Künstler, interessierte das wenig. Als echte Pariser Göre nahm sie sich heraus, den schönsten Terrassenplatz zu beanspruchen, wo sie ihre langen Beine lasziv übereinanderschlug, mit der einen Hand elegant eine Zigarette am silbernen Art-déco-Zigarettenhalter zwischen Zeige- und Mittelfinger hielt und sich mit der anderen den perfekt geschnittenen Pony ihrer *garçonne*-Frisur leicht zerfranste, um alle Blicke darauf zu lenken und noch dem letzten vor Augen zu führen, dass *sie* keinen Hut trug. Dabei war sie keine echte *montparnassienne* wie beispielsweise Simone de Beauvoir, die gleich um die Ecke geboren wurde und aufwuchs, sondern sie stammte aus ärmlichen Verhältnissen und wurde mit 12 Jahren von ihrer Familie aus dem Burgund für eine Ausbildung nach Paris geschickt. Ihr makelloser Körper, dem Schönheitsideal der Zwanziger entsprechend, brachte sie in die Künstlermilieus des Montparnasse.

Treffpunkt aller war La Rotonde am Carrefour Vavin, Ecke boulevard du Montparnasse und boulevard Raspail, das kurz vor der Ankunft Kikis eröffnet wurde. Die Adresse boulevard du Montparnasse Nr. 105 empfing Schriftsteller und Maler wie Jean Cocteau, Architekten und Bildhauer wie Arno Breker, Fotografen und Autoren wie Man Ray oder Hemingway. Hier wurde exzessiv gefeiert und getrunken – und immer mittendrin: die zur *Königin Montparnasse* gekürte Kiki, die ihren Körper Bildhauern, Malern und Fotografen zur Verfügung stellte.

Im La Rotonde war es auch, als Man Ray, mittlerweile ihr Partner, eines Abends auf die Idee kommt, sie zu fotografieren. Kiki zögert, war sie doch zuvor eher Nacktmodell für Künstler und wurde zum Beispiel im Bild *Nu couché à la toile de Jouy* des damals in Paris wirkenden japanisch-französischen Malers Tsuguharu Foujita verewigt sowie im *Portrait d'Alice Prin* (so Kikis ursprünglicher Name) des polnisch-französischen Malers Gustaw Gwozdecki. »Ein ganz spezielles Foto, Kiki«, erklärt Man Ray seiner Freundin, »eine Fotografie, die an die sitzende Figur im Bild *Bain turc* des Malers Jean-Auguste-Dominique Ingres erinnert. Du, ebenfalls mit Turban auf dem Kopf und auf einem schweren Stoff sitzend. Und dann, wenn ich deine feinen Schultern und deinen Rücken optimal belichtet habe, würde ich den Abzug später mit Bleistift und schwarzer chinesischer Tinte bearbeiten und auf deinen gewölbten Rücken geschwungene Schalllöcher wie bei einem Cello aufmalen. Denn dein Körper ist wie Musik für mich. Das Bild würde ich

Violon d'Ingres nennen. Ich bitte dich, Kiki, stimme zu.« Kiki hat aufmerksam zugehört und ihr Widerstand ist fast gebrochen. Man Ray setzt noch einen drauf, wohl wissend, dass Kiki Fotografie als Abdruck der wahren Welt versteht und lieber als Modell für Künstler zur Verfügung steht, die mit ihr die Realität interpretieren statt sie zu kopieren. »Ich verspreche dir, ich werde dich so fotografieren, als würde ich dich malen, denn ich verwandle das Sujet genauso, wie es ein Maler tun würde. Vertraue mir, Kiki!« Sein Flehen erweicht Kikis Herz, schon stellt sie sich ihren weißen Körper als Kontrast zur Finsternis der Dunkelkammer vor. Sie ergreift ihr gut gefülltes Rotweinglas, schiebt ihre Brust leicht nach vorn, stolz, ihren Körper auf der Terrasse des La Rotonde und über Rays Fotografie bald noch mehr Zuschauern zu zeigen, und drückt den Rücken durch. »*Oui, amour*, ich bin dabei.«

Das 1924 entstandene *Le Violon d'Ingres* zeigt eine auf einem schweren Samtstoff sitzende Frau, deren nackter Oberkörper nicht nur in der Form an ein Violoncello erinnert, sondern vor allem durch die beiden aufgezeichneten und gespiegelten f-Löcher über der Hüfte, die so typisch sind für dieses Instrument. Das Foto sorgte für Furore und wurde nicht nur im La Rotonde und weiteren Cafés der Umgebung gefeiert, sondern in der ganzen Pariser Bohème und Künstlerszene des Montparnasse. Kiki dominiere die Epoche des Montparnasse mehr als Queen Victoria die Viktorianische Zeit, schrieb Hemingway im Vorwort ihrer wenige Jahre später erschienenen Memoiren. An einem sonnigen Tag stehe ich an ihrem Grab auf dem Cimetière de Montparnasse. Die Inschrift erinnert an *Kiki, Sängerin, Schauspielerin, Malerin, Königin von Montparnasse.* Als sie 1953 starb – arm, alkohol- und drogenabhängig – zahlten die Besitzer der Cafés von Montparnasse die Beerdigung.

Tausend Fliederbüsche und rauschende Bälle

LA CLOSERIE DES LILAS
171 boulevard du Montparnasse
75006 Paris

Carole, die literaturbegeisterte Tochter der Betreiber des Cafés La Closerie des Lilas, sitzt gemütlich auf einer dunkelroten Samtbank unter dem großen Glasdach, das ein zartes, milchig gelbes Pariser Winterlicht durchlässt. Sie sei hier sicher, sagt Carole, der Ort nämlich sei eine Frau und das wäre auch der Grund, warum ihn die Männer so lieben. Den Literaturpreis, den sie 2007 entwickelt hat und der eng mit der Tradition und Geschichte der beiden Cafés ihrer Eltern – neben dem La Closerie des Lilas betreiben Colette und Miroslav Siljegovic auch das Café de Flore – verbunden ist, hat die im Schatten berühmter Autoren aufgewachsene Tochter daher konsequent der Literatur von Frauen gewidmet. Ich habe mich mit Carole verabredet, um über die Geschichte des legendären Ortes zu sprechen.

Carole greift zu der Vase auf der Mitte des Tisches und riecht an den Blüten. »Wussten Sie, dass tausend Fliederbüsche jenes Tanzlokal an der Ecke zum boulevard Montparnasse schmückten, als dort Mitte des 19. Jahrhunderts die rauschenden Bälle gefeiert wurden?«, Carole holt tief Luft und die Begeisterung sprudelt aus ihr

La Closerie
des
Lilas

heraus, »rosa, lila und weiß blühten die herrlich duftenden Blüten. Der romantisch sinnliche Name *La Closerie des Lilas* ergab also durchaus Sinn.« Ich frage sie, woher *Closerie* stammt. »*Closerie* heißt ›kleiner geschlossener Garten‹, was natürlich so gar nicht zu diesem großen Lokal passen wollte, das eher einer Konzerthalle glich – viel zu lieblich, viel zu provinziell natürlich. Vor allem, wo das Viertel doch endlich sein miefiges Vorortimage abschütteln und den Anschluss an Paris finden wollte – damals befand sich hier eine Poststation, müssen Sie wissen, die Gegend war Sammelstelle für alles, was in das 75 Kilometer entfernte Fontainebleau musste. Unzählige Pferdekutschen auf dem Weg nach Süden verstopften die Straßen, ihre Hinterlassenschaften säumten den Boulevard. Als das Tanzlokal, das Gäste von überall anzog, expandierte, gab es sich einen neuen Namen, *Bal Bullier,* und den alten Namen, *La Closerie des Lilas* frei, den sich wiederum ein kleines, einfaches *café de quartier,* eine *brasserie,* unter den Nagel riss.« Carole macht eine ausladende Armbewegung in den Raum, dabei klappern die goldenen Armbänder an ihrem Handgelenk. »Zunächst kamen die Leute nur vor und nach dem Tanzen her, sehr bald aber blieben sie hängen. Viele Literaten, Künstler und Politiker waren darunter und mit ihnen wurde ganz langsam eine Legende geboren. Bevor die amerikanische *lost generation* rund um Ernest Hemingway, F. Scott Fitzgerald oder Henry Miller *La Closerie des Lilas* für sich entdeckte, empfing es Charles Baudelaire, Paul Verlaine, André Gide und Paul Fort, der dort seine *mardis littéraires*, seine literarischen Dienstage, abhielt.«

Carole kennt sich aus. Als junges Mädchen verbrachte sie nach der Schule viele Stunden in der benachbarten Buchhandlung des Café de Flore, *L'Écume des pages*, und seitdem liest sie nahezu ununterbrochen – Alain-Fournier, Françoise Sagan, Marguerite Duras, Alfred Jarry, Émile Verhaeren, Maurice Maeterlinck, Roland Dorgelès, Guillaume Apollinaire und sogar Lenin. »Es war eines der besten Cafés von Paris, schrieb Hemingway in seinen Memoiren«, erzählt Carole. »So gut, dass er hier 1925 den ersten Entwurf zu seinem Roman *Fiesta* fertigstellte. So gut, dass der französische Regisseur Robert Enrico in seinem Film *Das alte Gewehr* Romy Schneider und Philippe Noiret hier an einen der Tische setzte. So gut, dass viele weitere Künstler und Schriftsteller wie Amedeo Modigliani, Pablo Picasso, Kees van Dongen, Louis Aragon, Man Ray, Émile Zola und dessen Freund Paul Cézanne, Oscar Wilde und Paul Éluard, Théophile Gautier und die Brüder Jules und Edmond de Goncourt hier irgendwann mal saßen, speisten, tranken, diskutierten oder stritten.« Carole zeigt mir kleine Gravuren auf den Tischplatten, die an die namhaftesten Gäste erinnern. »Und an der Bar trägt ein Platz den Namen Hemingway!«

»Als ob er so oft an der Bar gesessen hätte«, werfe ich ein, »und nicht mit dem Blick nach draußen, auf den gegenüberliegenden Platz mit dem Denkmal von Marschall Ney, wie er es in seinen postum veröffentlichten

Erinnerungen *Paris – Ein Fest fürs Leben* notiert hatte. Deine Eltern wissen es wohl besser? Oder waren es die Barbesitzer vor ihnen?« Carole lacht laut, sie hat ein ansteckendes, offenes Lachen. Sie versteht meine Anspielung. Natürlich schmückt sich in Paris so manch andere Bar, auch *rive droite*, mit Hemingways Namen. Carole wirft ihre dunkelblonden Haare nach hinten und lenkt die Unterhaltung wieder zurück auf die Anfänge des Lokals. »Heute erinnert nicht mehr viel an die tausend Fliederbüsche, die es einst am boulevard Montparnasse gab«, sagt sie und seufzt. Ich stimme ihr zu. Das Lokal ist aber sehr begrünt und ähnelt einer uneinnehmbaren grünen Festung, in die sich nur traut, wer das Innere schon kennt. Das Dekor ist das, was man heute *rétro riche* nennt, mit vielen Mosaiken, Spiegeln und intarsienverarbeitetem Holz. Selbst die eleganten Bistrotische sind mit Mosaiken versehen. *La Closerie des Lilas* steht da in romantisch geschwungener Schrift zwischen lila Flieder, immerhin.

Samtbezogene, elegante Jazzhöhle

CAFÉ LAURENT
33 rue Dauphine
75006 Paris

Heißer Jazz, knisternde Nächte, Menschen über Menschen im verrauchten Musikkeller, darunter viele Schriftsteller und Künstler – das legendäre Café Tabou gibt es nicht mehr, doch das Café Laurent erinnert daran, an drei Abenden in der Woche wird Jazz an der Bar gespielt. Die wilden Nächte, in denen eine tanzwütige Jugend um bekannte Jazzkünstler wie Miles Davis, Duke Ellington oder Django Reinhardt zappelte und später Brigitte Bardot ihren schönen Körper zur Musik bewegte, sind Lichtjahre entfernt. Heute werden keine Gitanes ohne Filter eilig hin- und hergereicht, die Musik ist nicht mehr so laut, dass sie alles andere übertönt, und niemand gibt dem Türsteher die Anweisung, nur diejenigen reinzulassen, die ein Buch unter der Achsel klemmen haben, welches natürlich sofort nach Passieren der Tür in die Ecke geschleudert wurde, weil es auf der Tanzfläche nur störte. Doch das macht nichts. Im Gegenteil, Henri-Pierre und Gaël, beide Professoren für Medizin an der nahe gelegenen Université de Paris, sind in ihre Unterhaltung über Improvisation, Blue Notes, Hot Intonation, Swing, Offbeat, Tonbildung und Phrasierung vertieft und laute Musik würde nur stören.

Auf der Bühne bearbeiten zwei Jazzmusiker einen Flügel und einen Kontrabass. Gitarre, Trompete, Klarinette, Saxophon, Violine, Harfe oder Querflöte hätten auf der kleinen Empore keinen Platz. Getanzt wird auch nicht mehr. Die Jazzabende im Café Laurent fangen schon um 16.30 Uhr an. Perfekt für Henri-Pierre und Gaël, die, nachdem sie die Glastüren ihrer Hörsäle hinter sich abgeschlossen haben, in die samtbezogene, elegante Jazzhöhle des Laurent verschwinden, wo sie sich bis Mitternacht an die Nächte erinnern, als Vian an der Trompete stand und neben dessen Frau Michelle mitunter Jacques Prévert, Raymond Queneau und Juliette Gréco im Publikum applaudierten. Als »Troglodyten« (Höhlenbewohner) bezeichnete Boris Vian jene »Zazous« (Jazzliebhaber), da sie nur selten das Tageslicht zu sehen bekamen.

Henri-Pierre hält seinen Lieblingscocktail in der Hand, es ist ein Saint-Germain-Champagne, der laut Barmann wegen seiner Süße vorwiegend von Frauen bestellt wird, was Henri-Pierre aber als sexistisch abtut. Er erzählt: »Es war Juliette Gréco, die auf die Idee kam, aus dem leeren Gewölbekeller des *Tabou* einen Treffpunkt zu machen. Dem Ort verdankte sie schließlich ihre Entdeckung durch Jean-Paul Sartre. Nach einer Theatervorstellung Ende der vierziger Jahre war sie auf einen Tisch geklettert und hatte den anwesenden Künstlern und Literaten Chansons vorgesungen. Stell dir vor, bei Sartre wirkte der Auftritt nach. Er bestellte sie zu sich und sagte ihr, er sei überzeugt davon, dass sie eines Tages zu den ganz großen Chanson-Sängerinnen gehören würde. Daher durfte sie sich zwei Gedichte von ihm aussuchen, die Sartre dann von dem Komponisten Joseph Kosma auf seine Kosten vertonen ließ. Hast du die Sartre-Chansons noch im Ohr? Sie sang sie 1949 mit anderen Texten in dem Existentialisten-Keller und Cabaret-Theater La rose rouge, das ebenfalls im Saint-Germain-Viertel lag. Nun ist sie tot. Wie sehr werde ich die *grande dame de la chanson* vermissen!«

Gaël, tief in den Ledersessel gerutscht, schlürft kopfnickend an seinem Espresso-Martini. Als die Musiker auf der Bühne eine Pause machen und sich an ihren Drinks wie zuvor an ihren Instrumenten festhalten, lauscht er still in sich hinein, ob er sich an die Strophen erinnert. *Rue des Blancs-Manteau* oder auch *Si tu t'imagines …* startete Juliette Gréco mit ihrer markanten Stimme. »Ja, ich habe sie im Ohr, die Gréco, hier, genau hier!« Gaël nimmt einen kräftigen Schluck aus seinem schwarzen Getränk und wünscht sich an keinen anderen Ort als an diesen, wo er den heißen Jazznächten der vierziger und fünfziger Jahre ganz nah sein kann, obwohl sie doch so weit weg sind.

Französische Chansons und *chocolat à l'ancienne*

LE SELECT
99 boulevard du Montparnasse
75006 Paris

Wir werfen uns auf die Bänke des Select. Der Tisch ist für zwölf Personen reserviert, wir sind aber vierzehn, sodass die Kellner eilig einen kleinen Tisch ranschieben und ihn mit einer weißen, gestärkten Damasttischdecke, Silberbesteck und Porzellangeschirr decken und die Tafel auf diese Weise ohne viel Aufsehen und Wartezeit verlängern. Agnès, junge Solotänzerin an der Opéra de Paris, die erst vor kurzem für ein Saisonengagement aus Argentinien kam, erklärt ihrem Tischnachbarn: »So ist es in Paris: Man kommt spät, zu spät, und mit mehr Leuten als angekündigt – und es ist in Ordnung.« Den Kellner kümmert es tatsächlich wenig. Um uns herum ein typisches *rendez-vous montparnassien par excellence*, wie es amerikanische und asiatische Touristen auf der Suche nach dem Paris der zwanziger Jahre hier finden. Stuck und Art déco im Viertel Notre-Dame-des-Champs gibt es noch in ein paar Cafés von Montparnasse. Neben Le Dôme, La Rotonde, La Closerie des Lilas und La Coupole ist Le Select eines jener Cafés, die rund um das Straßenkreuz am jetzigen place Pablo-Picasso, am *carrefour Vavin*, Künstler und Intellektuelle aus allen Ländern anzog.

Die Speisekarten werden gereicht und die Frage *»Un apéritif, mesdemoiselles?«*, beantworten Agnès und ich mit einem beherzten Ja – einer der über 50 Whiskys auf der Getränkekarte wird mit Zitrone und Rohrzucker vermischt und unserer sein. So ähnlich stelle ich mir vor, wie Scott Fitzgerald und Ernest Hemingway mit ihrer Clique hier saßen, nur dass das auf den Apéritif folgende Essen wohl anders schmeckte als heute.

Während der Service des Select geübt und geräuschlos Speisen und Getränke serviert, kreisen unsere Unterhaltungen um die verschiedenen Theater und Cabarets des Montparnasse, die das 6. Arrondissement zum Schmelztiegel der Schauspiel-, Tanz- und Gesangskunst jeder und vor allem populärer Couleur machten und nach ihren Aufführungen die Kundschaft des Select ausspuckten. Le Select wurde erst 1923 in der Hausnummer 99 des boulevard du Montparnasse gegründet, der von Ost nach West das 6. von den zwei südlich liegenden Arrondissements, dem 14. und dem 15., trennt. Ich erkundige mich: »Die Brasserie war Sammelpunkt der Pariser Intelligenzia zwischen den zwei Weltkriegen, sagt ihr. Was ist mit Agnès Capri? War sie auch hier?« Nun ist Agnès an der Reihe, uns über ihre Namensvetterin aufzuklären, denn tatsächlich wissen wir wenig. »Die Schauspielerin, Sängerin und spätere Schriftstellerin Agnès Capri war Sängerin und Pionierin der *chanson au féminin* und vor allem die allererste Interpretin von Jacques Prévert. Vielleicht kennt ihr die Lieder *La Grande Opéra*, *Laisse parler Jacob*, *Il m'a toujours dit à demain?* Nein?« Agnès ist etwas enttäuscht. »Sie werden heute noch von Kennern gesummt.« Beinahe hätte sie sie angestimmt, hätte der Kellner an unserem Tisch nicht einen Teil der Unterhaltung aufgeschnappt und seine professionelle Distanz gebrochen, um sich einzumischen: »Ja, Sie haben recht, Mademoiselle. Agnès Capri war eine *habituée* des Select! Sie war zwischen den Kriegen hier. 1936 wurde sie in dem von Jean Cocteau initiierten Cabaret *Au Bœuf sur le Toit* bekannt und ihre Stimme, ihr Charisma und ihre Interpretationskraft wurden von *tout Paris* hoch gefeiert. Auch später, nach ihrem Exil in Algerien, als sie 1944 nach Paris zurückkehrte und die Führung des Théâtre de la Gaîté-Montparnasse (später in Théâtre Agnès Capri umbenannt) übernahm, kam sie immer wieder ins Select. Sie führte später ihr eigenes Cabaret, wissen Sie, in der rue Molière unweit der Comédie-Française. Jean Sablon, Catherine Sauvage, Cora Vaucaire, Mouloudji, Serge Reggiani, Juliette Gréco, Georges Moustaki sowie die Frères Jacques traten bei ihr auf und kamen danach ins Select zum Trinken und Essen. In den Cafés *rive gauche* war es zum Feiern einfach besser.«

Der Kellner spürt offenbar die bösen Blicke seines Patrons im Rücken, dreht sich ruckartig um und beendet seinen für einen Kellner überraschend faktenreichen Kulturexkurs. Agnès und die anderen Gästen studieren die Käse- und Dessertkarte. *Tarte Tatin* oder *baba au vieux rhum*, *faisselle aux griottes* oder doch eine *tarte au citron façon Select*? Agnès bleibt an dem *chocolat à l'ancienne* auf der Karte hängen und an den Worten des

1664

bekannten Kochs Alain Ducasse, der zwei gut gefüllte, stolze Töpfchen anpreist – eines klein, das andere etwas größer; in dem einen das Dunkle und Wilde der geschmolzenen Schokolade und in dem anderen die Zartheit der aufgeschlagenen Milch, die sich wie ein Streicheln über Erstere legt. Selects *chocolat à l'ancienne* sei so dick wie ein hoher Wollteppich und so wärmend wie ein Kaminfeuer und in der Tiefe des Töpfchens läge noch ein Stück Dada-Seele von Montparnasse. Diese romantische Beschreibung trifft den Geschmack unserer Agnès und tatsächlich legt sich die Schokolade wie eine Samtschicht über ihre Kehle. Am späten Abend, kurz vor 3 Uhr, nachdem fast alle Gäste gegangen sind, wird sie doch noch die Chansons von Prévert, von denen sie zuvor sprach, für uns und die Kellner, die schon den Saal aufräumen und für den nächsten Tag eindecken, anstimmen. Ohne instrumentalische Begleitung füllt die warme Stimme von Agnès mühelos den Saal, ihr südamerikanischer Akzent verändert die französischen Chansons etwas, womit sie alle Herzen erreichen.

Wie der Bug eines großen Schiffes

LE BALTO
15 rue Mazarine
75006 Paris

Dass Bars einst nach Tabak benannt wurden, erstaunt in der nahezu rauchfreien Zone, die Cafés heute sind – Rauchen ist verpönt und wer es dennoch nicht lassen kann, soll seinen Qualm möglichst weit weg von den Tischen der anderen in die Luft pusten. Rauchen ist nicht gesund, so viel steht fest. Doch einst taten die Tabakmarken kleinen Cafés gut: Zwischen den fünfziger und siebziger Jahren des 20. Jahrhunderts griff die SEITA, die staatliche Gesellschaft für Tabak in Frankreich, kleinen Cafés und *bars-tabac*, die in Schwierigkeiten geraten waren, finanziell unter die Arme. Einzige Bedingung: dass sie sich nach einer Tabakmarke umbenannten – weshalb heute viele Cafés Namen tragen wie Royale, Navale oder eben Balto. Balto wie die amerikanische, zwischen Washington und Philadelphia gelegene Stadt, die stark von der Tabakproduktion geprägt war. Christian, der braunhaarige, quirlige Besitzer des Cafés, runzelt die Stirn und warnt mich stolz: »*Attention, hein*, Le Balto gibt es nur einmal!« Ja, er hat recht. Viele Cafés wurden nach Balto benannt, aber nur eines heißt Le Balto in Saint-Germain-des-Prés.

Le Balto ist bei den Studenten der nahen, renommierten Kunsthochschule École des Beaux-Arts genauso beliebt wie bei den im ganzen Viertel verstreuten Antiquaren. Nachbarn und Kollegen kommen her, Freunde und eben auch Raucher, aber Letztere müssen ihrer Leidenschaft draußen nachgehen. Wenn es schön ist und die Cafébesucher dem Geschehen auf der Straße noch näher sein wollen, öffnet Le Balto seine großen, braunen Terrassentüren, als würde es zur Begrüßung die Arme weit ausbreiten. Das Café liegt im Erdgeschoss eines Eckgebäudes und von der gegenüberliegenden Straßenseite ähnelt es dem Bug eines großen Schiffes. An der unteren Seite der Theke hängen Gemälde, welche die Geschichte mancher Balto-Besucher darstellen. Le Balto ist eine kleine Institution im Viertel.

Heute haben viele Bistros und Cafés den Verkauf von Zigaretten eingestellt, auch Christian hat sich auf anderes konzentriert: »Es ist ein *bar à vin*, ein bisschen *bistro* mit Tendenz zur *brasserie*. Die Karte bietet typische französische Küche an und wenn du mich fragst: Wir haben ein Faible für den Südwesten von Frankreich.« Es soll mir recht sein, ich habe Hunger und nehme alles. Neben mir sitzt Vincent, der ewige Kunststudent im mittlerweile 13. Semester. Er strubbelt sich durch die langen, lockigen Haare, stützt dann seine Stirn mit der linken Hand ab und schreibt mit der rechten Notizen für seine *dissertation* über Michelangelo. Madeleine, die kleine alte Nachbarin aus dem 5. Stock und ehemalige Angestellte der Orientabteilung des Louvre, hat sich heute bei der Friseurin um die Ecke eine Dauerwelle legen

SPACE

lassen und kommt mit der Haube auf dem Kopf, um sich zu ihm zu setzen und ihm zu helfen. Das macht sie immer so, seitdem sie festgestellt hat, dass Vincent sich mit dem Kunststudium schwertut und viele Gelegenheitsjobs annehmen muss, um über die Runden zu kommen, seitdem seine Eltern ihm die finanzielle Unterstützung entzogen haben, mit der Begründung, er würde brotlose Kunst studieren. Ein klein wenig recht haben sie, bedauert er seine Situation eines Tages vor Madeleine, sodass sich die alte, kinderlose Dame seiner erbarmt.

Unweit des Balto feiert die etablierte Kunstszene sich selbst – zwischen der rue de Seine und der rue Bonaparte, also unweit jener Akademie der schönen Künste, die Vincents Eltern früher immer stolz zitiert haben, wenn sie gefragt wurden, was denn ihr Sohn so studiere. Bekannte französische Künstler hat sie hervorgebracht: Auguste Renoir, Henri Matisse, Jean-Auguste-Dominique Ingres, Gustave Moreau und später auch Paul Landowski sowie André Masson, Lucienne Heuvelmans oder Fernande Cormier. Ein schweres Erbe, Vincent kann nur scheitern. Also hocken er und Madeleine – was für ein ungleiches Paar! – ganze Nachmittage im Balto, trinken wenig Kaffee und viel vom kostenlosen Leitungswasser aus den Karaffen, die Christian ihnen hinstellt, und brüten über den Kunstthemen, die Vincent aus den Beaux-Arts mitbringt.

Le Balto ist ein Überbleibsel des Quartier Latin mit dem typischen Rive-gauche-Flair, der den ewigen Studenten der Beaux-Arts genauso gefällt wie den Passanten auf dem Weg zum nächsten Kino, die ihre gute Laune, ihre Lässigkeit und ihr gemeinsames Lachen hierhertragen und später nach dem Kino nochmal, weil sie eine *dégustation de vins* machen wollen, bevor sie ins Bett fallen. Das kann sich Vincent zwar nicht leisten, er genießt aber das Lachen um sich herum, als sei er dabei.

Ein *citron pressé* mit Glockengeläut und Vogelgezwitscher

CAFÉ DES BEAUX ARTS
7 quai Malaquais
75006 Paris

Es ist nicht leicht, sich im Gewirr der kleinen Straßen rund um den place de Fürstenberg zurechtzufinden. Die junge Kunststudentin Vivienne hat dennoch den runden und von vier großen Trompetenbäumen und einer alten fünfstrahligen Straßenlaterne beherrschten Platz gefunden. Sie will im Museum, das Eugène Delacroix gewidmet ist, ihre Mappe persönlich abgeben und sich damit auf eine Stelle bewerben. Rund um den kleinen Platz führt eine wenig befahrene Straße. Die Ruhe wird nur gelegentlich unterbrochen: durch das Glockengeläut der nahen Kirche Saint-Germain-des-Prés, die Vögel, die zwitschernd von einem Baum zum nächsten hüpfen, und die miauende Katze, die meint, nicht genug von der alten *concierge* des Museums zu fressen bekommen zu haben, und nun Passanten anbettelt. Vivienne schüttelt sie ab und schaut ein letztes Mal hinüber auf das hohe Gebäude, in dem der große Maler Frankreichs in den letzten sechs Jahren seines Lebens in einer geräumigen Wohnung lebte. Bis zu seinem Tod im Jahr 1863 schuf der Wegbereiter des Impressionismus hier viele seiner berühmten Werke. Darunter auch die Skizzen für die Wandgemälde, die heute die Kathedrale von Saint-Sulpice zieren und die Vivienne so liebt.

Sie läuft vom Musée Eugène Delacroix die rue Jacob runter und durchschreitet dabei genau jene Mischung aus Ruhe und Hektik, Licht und Schatten, die so typisch ist für das Quartier Latin. Sie biegt in die rue Bonaparte ab, um zielsicher einen Platz in einem der wenigen Pariser Cafés mit Uferblick zu ergattern, das keine *péniche* ist und keine Touristenfalle, welche die Wege zu den Sehenswürdigkeiten – zum Eiffelturm, zur Notre-Dame oder zu anderen – ja zahlreich säumen. Da das Café des Beaux Arts am äußeren, nördlichen Rand von Saint-Germain liegt, hat es zwar zahlreiche Designergeschäfte und Kunstgalerien südlich im »Rücken«, aber hier sitzen nicht nur Touristen auf ihrem Weg von der Sainte-Chapelle zum Musée d'Orsay, sondern auch die Elite der etablierten Kunstszene, Angestellte der Bibliothèque Mazarine und des Institut de France mit seinen vielen Institutionen wie der 1634 von Richelieu gegründeten Académie Française oder der 1648 als königliche Akademie für Malerei und Skulptur gegründeten Académie des Beaux-Arts, die alle seineaufwärts liegen. Es ist das Milieu und Ambiente, in dem Vivienne gern täglich leben würde. Ihren *citron pressé* trinkend, sehnt sie sich nach einem Alltag inmitten dieses Kunstviertels.

Gegenüber liegt der Port des Saints-Pères, eine schöne Aussichtsplattform zwischen zwei Brücken: der den Fußgängern vorbehaltenen Pont des Arts und der auch für Autos freigegebenen Pont du Carrousel. In seiner Pariser

Café des Beaux Arts
Café
BRASSERIE
CAFE
BRASSERIE
ERET

Einsiedelei an der place de Fürstenberg ist Delacroix oft hier an der Seine und zwischen den beiden Brücken hängengeblieben, so wie Vivienne gerade auch. Wie der kleine Hofgarten am Fuß des Hauses, den er von seinem Atelier aus betreten konnte, war dieser Ort ihm Inspirationsquelle, Ruhepol und fröhlicher Anblick zugleich, wie er in seinen Erinnerungen und Briefen schrieb. Im Café des Beaux Arts ist allerdings nicht mehr viel von der Ruhe des 19. Jahrhunderts zu spüren. Am Quai preschen Autos und Busse vorbei, von denen Vivienne nur durch einen kleinen, vorspringenden Platz getrennt ist. Dieser ist dem berühmten palästinensischen Dichter Mahmoud Darwich gewidmet, der viele Jahre in Paris lebte und dessen Dichtung vom Verlust der Heimat und der leidvollen Sehnsucht nach ihr handelt. *»Nous aussi nous aimons la vie, quand nous en avons les moyens«*, steht unter dem blau-grünen Schild des Platzes. Der traurige *poète de Palestine* liebte diesen Ort wohl auch.

Joseph Roth an der handziselierten Zinktheke

CAFÉ TOURNON
18 rue de Tournon
75006 Paris

»Bonjour, Monsieur Mercier!« Denis Mercier, ein Mann in den Dreißigern, dessen Haare viel zu früh ergraut sind, sitzt im dunkelblauen Anzug mit roter Krawatte und Einstecktuch in der Ecke der Caféterrasse und bestellt nur mit einem leichten Kopfnicken eine Käseplatte, einen Salat und eine Flasche Bordeaux. Lys-Paul, etwas größer und älter, setzt sich zu ihm und grinst ihn kurz an. Dann schütteln sich die beiden über dem Bistrotisch herzlich die Hand.

Seit 15 Jahren kommen die beiden Männer zum Mittagessen in dieses Café, sie bestellen fast immer dasselbe und fast immer wortlos. Von den *garçons* werden sie natürlich mit Namen begrüßt und auch die beiden *habitués* fügen die der Kellner ihrer Begrüßung an, wofür diese sich freundlich revanchieren, indem sie die Stammgäste für einen kurzen Moment hinter ihre Fassade mit dem professionellen Lächeln und den statischen eingeübten, automatisierten und zu sehr betonten Gesten blicken lassen. Kurz: Man kennt sich. Am Nebentisch sitzt ein Handwerker im Blaumann, der seine Mittagspause bei einem Kaffee genießt. Verträumt betrachtet ihn die junge Bedienung, die sich mit den Ellenbogen hinter dem *zinc* abstützt, nachdem sie für einen anderen Tisch Champagner, Austern und Schinken vorbereitet und auf die Zinktheke gestellt hat.

Hier am *zinc* und drüben auf der Terrasse sind alle gleich. Im »Parlament für Gott und die Welt«, wie die beiden *habitués* Denis und Lys-Paul das Café Tournon nennen, wird eigentlich über alles und nichts diskutiert. Doch vieles dreht sich um Politik, wie zur Zeit, als die Cafés die aristokratischen Salons ablösten und politischen und gesellschaftlichen Debatten Raum gaben. Die geographische Nähe zum Senat ist spürbar: Das Café liegt zwischen der rue Vaugirard, einer der längsten Straßen von Paris, und dem boulevard Saint-Germain in der ruhigen Straße, die genau beim Senat vom Jardin du Luxembourg nördlich abgeht. Das Café Tournon ist von morgens bis abends geöffnet, das Essen klassisch modern – für Liebhaber süßer Verführungen bietet es sogar einen Champagne Gourmand – und die Weinkarte üppig. Garçon Joseph steht breitbeinig in weißer Schürze und schwarzer Weste mitten in der zum Innenraum geöffneten Tür, die Arme hinter dem Rücken verschränkt und sein rundes Serviertablett unter den rechten Arm geklemmt. Bequem sieht das nicht aus. Er hat vorhin die Blicke seines Kollegen in Richtung des Handwerkers im Blaumann bemerkt und kämpft mit seiner Eifersucht.

Das Café, vor allem dessen Terrasse, ist für die *habitués* ein Ort des Austauschs, der Unterhaltung, eine Art zweites Büro oder zweites Zuhause. Ab und zu kommt ein Joseph-Roth-Fan vorbei und sucht den Platz, an dem der österreichische Schriftsteller und Journalist hier in seinem Pariser Exil Ende der zwanziger und in den dreißiger Jahren in seiner typisch beobachtenden Manier an seinen Artikeln für die *Frankfurter Zeitung* und andere, auch österreichische Zeitungen schrieb. Tatsächlich wurde das Café Tournon für ihn, mehr als für andere, und nicht nur, weil er seine Heimat wegen der Machtergreifung Hitlers verlassen musste, eine Art Wohnzimmer. Fast zehn lange Jahre lebte er gegenüber, im Hotel Foyot, wo schon Joseph II. im Jahr 1777 inkognito dinierte, wenn er seine Schwester Marie-Antoinette besuchte, und wo auch Rilke gern logierte, wenn er nach Paris kam. Doch im November 1937 musste Roth von der Terrasse des Tournon aus machtlos zusehen, wie das Hotel wegen Baufälligkeit abgerissen wurde – er war entsetzt. Roths Stammcafé Tournon nahm ihn auf. Wie eine Mutter legte es schützend die Arme um ihn und gab ihm ein kleines Zimmer. Fast anderthalb Jahre später, am 23. Mai 1939, erlitt er nach dem Erhalt der Nachricht vom Selbstmord Ernst Tollers in New York einen Zusammenbruch und landete im Armenspital, wo er – alkoholkrank und unter Qualen – verstarb. Eine Pilgerstätte für Roth-Leser ist das Café Tournon dennoch nicht geworden. Kein Hinweis im Café, geschweige denn auf der Karte erinnert an den zuletzt so unglücklichen Autor. Die *habitués* vereinnahmen das Café, üben sich im »Zuschauer-Sport« des *flâner en terrasse*, sitzen, beobachten, reden und nichts

ntrée du jour
crevettes
Plats du jour

weiter tun als essen und trinken – so wie Denis und Lys-Paul.

Hinweis:
zinc: Das warme, weiche, manchmal handziselierte Zink der Theken ist ein wahrer Handschmeichler. Es wird wärmer, je länger man sich darauf abstützt, und die Berührungen verleihen dem Material eine gewisse Patina. Wie die Seide einer Damenwäsche gibt der *comptoir en zinc* dem Café oder Bistro eine gewisse Sinnlichkeit. Eigentlich wäre er von dort kaum wegzudenken, doch in den dreißiger Jahren wurde das wertvolle und nicht mit Blech zu verwechselnde Material von den Deutschen für die Waffenherstellung beschlagnahmt. Da es mittlerweile nur wenige auf Zink spezialisierte Handwerker gibt – wie die Firma L'Étaignier Tourangeau aus Tours – geben die Cafés oder Bistros nur sehr stark beschädigte Exemplare in Reparatur. So haben die meisten noch erhaltenen *comptoirs à zinc* viele kleine Dellen und Kerben von all den darauf abgestellten Flaschen und Gläsern, was jedes für sich zu einem Unikat macht.

Das erste Pariser Café

LE PROCOPE
13 rue de l'Ancienne Comédie
75006 Paris

Wir machen Halt im Procope, dem ersten Café von Paris. Als es im 17. Jahrhundert eröffnet wurde, war Kaffee als Getränk noch eine kleine Revolution, trank man damals in den Tavernen doch ganz anderes. Aber auch der Ort selbst in der rue de l'Ancienne Comédie mit seinen kleinen Marmortischen und den darum drapierten Stühlen, den Bildern an der Wand und dem etwas edleren Publikum, unterschied sich sehr von den Lokalen, in die man in jenen Tagen üblicherweise ging, um etwas zu trinken. Le Procope führte in Paris die Mode ein, im Sitzen einen Kaffee zu trinken – und wurde das erste Café der französischen Hauptstadt. Ende des 17. Jahrhunderts gab es zehn Cafés in der Stadt, ein Jahrhundert später waren es schon an die 900.

Das Café im Herzen des literarischen und intellektuellen Zentrums von Paris lebt von seiner Geschichte und dem Ruf, das älteste Caféhaus zu sein. Eine Tafel am Eingang weist nicht gerade diskret darauf hin, als wolle man die Besucher schon vor Betreten des Lokals Ehrfurcht lehren: »*Café Procope. Ici Procopio dei Coltelli fonda en 1686 le plus ancien café du monde et le plus célèbre centre de la vie littéraire et philosophique au 18e et au 19e siècles. Il fut fréquenté par La Fontaine, Voltaire, les Encyclopédistes, Benjamin Franklin, Danton, Marat, Robespierre, Napoléon Bonaparte, Balzac, Victor Hugo, Gambetta, Verlaine et Anatole France.*« Die Stammgäste, die über den schmalen Fußgängerweg, den Cour du Commerce Saint-André, durch den Hintereingang in das Café gelangen, bekommen dieses Namedropping *à la française* nicht zu Gesicht, und es interessiert sie auch nicht, wer hier schon alles Stammgast war. Sie haben auch keinen Blick für die Briefe, Erinnerungsstücke und kleinen Statuen, die die Rolle des Procope in der Französischen Revolution bezeugen. »Wir sind doch nicht in ein Museum, sondern zum Essen gekommen«, schimpft Philippe, läuft achtlos am Hut von Napoleon, ebenfalls ein Stammgast des ehrwürdigen Hauses, vorbei und stapft großen Schrittes in die kaum beleuchtete zweite Etage. »Was kümmert mich, dass Napoleon hier mit seinem Hut seine Zeche bezahlt hat – oder kann ich das mit meiner Mütze auch tun?«, fragt er augenzwinkernd die Bedienung, die hinter ihm hereilt, um sicherzustellen, dass er auch tatsächlich einen Tisch reserviert hat.

Das Procope ist eine Institution und die Pariser, ja die Franzosen überhaupt, sind stolz darauf. Doch es war kein Franzose, sondern ein findiger Italiener aus Palermo, der das erste Café von Paris eröffnete. Zu seinem exzellenten Kaffee bot er auch Lektüre an, *La Gazette* oder *Le Mercure Galant,* eine schlaue Idee, die ihm den Besuch von La Fontaine, Racine oder Regnard sicherte, die sich hier bei Kerzenschein – eine andere Beleuchtung

gab es nicht – die Augen verdarben. Diderot und d'Alembert kamen hier auf die Idee, ihre *Encyclopédie* zu lancieren, Beaumarchais entwarf das Stück *Die Hochzeit des Figaro*, Voltaire schrieb Teile des *Œdipe* – die Theaterpremiere fand unweit davon im Odéon statt. Letzterer verbrachte zwar viel Zeit in literarischen Salons und auf den Landsitzen des Hochadels in der französischen Provinz rund um Paris sowie im europäischen Ausland, doch immer wieder kehrte der streitbare Schriftsteller ins Procope zurück – hier konnte er gut arbeiten. Sein Schreibtisch aus Marmor schmückt wie ein Denkmal den ersten Stock des Procope. Nur das Kaffee-Schokolade-Gemisch, das Voltaire offensichtlich so liebte, dass er davon 40 Tassen am Tag trank, wird heute nicht mehr angeboten.

Eine einstige Künstlerkneipe, ein bisschen *vieillot*

CAFÉ FLEURUS
2 rue de Fleurus
75006 Paris

Ein verliebtes junges Pärchen tritt ein und stutzt angesichts der vielen Spiegel, mit denen das Fleurus wie tapeziert zu sein scheint. »Sehen und gesehen werden« ist hier unumgänglich, keine lauschige Rückzugsecke in Sicht. Dann doch lieber den letzten Tisch auf der Terrasse links – da sind zumindest keine Spiegel. *»Deux p'tits blancs!«*, zwei kleine Weiße, raunt der Mann im Vorbeigehen dem Kellner zu, der breitbeinig auf der Terrasse steht und die Passanten beobachtet. Die rotbeigen Rattanstühle stehen so eng beieinander wie tratschende Nachbarn. Die Verliebten schieben sie auseinander, setzen sich an den kleinen runden Bistrotisch und haben nur noch Augen füreinander.

In der einstigen Künstlerkneipe nahe dem Jardin du Luxembourg ist es heute recht ruhig. Früher gingen hier Auguste Renoir, Claude Monet, Frédéric Bazille und Alfred Sisley. Alles, was Rang und Namen hatte oder sich danach sehnte, fand sich hier ein – zum Trinken und Diskutieren, zum Essen und Streiten. Das Café war ein Ort der Fortbildung, ein Raum für Gespräche, in denen sich Gemeinsamkeiten entwickelten und Meinungen formten. So wie sich die Realisten um Courbet in der Brasserie des Martyrs trafen, Édouard Manet mit seinen Schülern im Café Guerbois einkehrte oder Degas' Anhänger im Café de la Nouvelle Athène zusammenkamen, so wurde das Fleurus das Stammcafé der Schüler von Professor Charles Gleyre, der Monet, Bazille und Renoir sowie Sisley unterrichtete. Die Gespräche drehten sich um die von Bazille bevorzugte Freiluftmalerei, den jährlichen Pariser Salon und dessen Jury oder die Pariser Weltausstellung.

Mit seinem *Vieillot*-Stil, seiner etwas altmodischen Art, hat sich das Fleurus die Erinnerung an diese Zeit bewahren können. Fast scheint es, als würde der Geist von Gertrude Stein, die ganz in der Nähe in der kleinen Straße rue de Fleurus in der Nummer 27 lebte, noch durch die Räume wehen. Zu ihrem Salon in dem eingeschossigen Pavillon im Innenhof fand sich immer samstags die damalige Avantgarde ein. Manche Gäste brachten Gemälde mit. *Die Stein* liebte Kunst, die sie kaufte und verkaufte. Etliche Leinwände, die namhafte Maler wie Pablo Picasso, Henri Matisse oder Georges Braque bearbeitet hatten, gingen die rue de Fleurus hinauf und hinunter und mancher Maler oder Bote setzte sein in Packpapier gewickeltes Bild auf dem Boden am Tresen des Cafés ab und blieb auf ein Glas hier stehen. Steins Köchin und Lebensgefährtin Alice B. Toklas tauschte mit den Nachbarn Rezepte aus und fand Gefallen an den Artischocken an Semmelbröseln mit Champagner, die ihr der Chef des Hauses empfahl.

Sitzt man heute wie die beiden Verliebten, deren Gesten, Berührungen und Blicke eine innige Verbindung verraten, auf der kleinen Fleurus-Terrasse, auf der gerade mal sechs Bistrotische Platz haben, könnte man meinen, die Stein hier bald selbstbewusst und imposant, wie sie wohl gewesen ist, über die Schwelle schreiten zu sehen, um zur Theke zu gehen und einen Drink zu bestellen. Lange durften Frauen Cafés nicht alleine betreten. Gertrude Stein mit ihrem männlichen Haarschnitt und ihrer imposanten Figur hob sich selbstverständlich davon ab. Sie setzte stattdessen exzentrische Maßstäbe überall, wo sie hinkam, auch im Fleurus.

SIEBTES ARRONDISSEMENT

Das Café in der fünf Meter hohen Bahnhofsuhr

CAFÉ CAMPANA
im Musée d'Orsay
1 rue de la Légion d'Honneur
75007 Paris

Camille steht vor dem großen verglasten Ziffernblatt der ehemaligen Bahnhofsuhr, die hier im Café Campana vor allem als Fenster fungiert, und betrachtet die Silhouette von Paris. Das milchige Glas lässt keine direkte Sonne durch und hüllt Paris auch bei schönem Wetter in Nebel. Fünf Meter misst das Blatt mit den römischen Ziffern im Durchmesser und dominiert das Café, für dessen Dekoration im südamerikanisch-aquatischen Stil des Flusses Orinoco die beiden brasilianischen Designer Fernando und Humberto Campana verantwortlich sind.

Camille setzt sich an einen der Tische unter den übergroßen goldenen Lampenschirmen. Was wird sie wählen, einen doppelten Espresso mit einer Pâtisserie vielleicht? Der Vormittag gehört ihr heute allein. Sie hat sich freigemacht von Familie und Begleitung, Pflichten und Besorgungen, um die Stadt ganz für sich zu haben, die sie so lange vermisst hat. Als Studentin der Kunstgeschichte hatte sie sich in einen Japaner verliebt und sei-

netwegen Paris gegen Tokio eingetauscht. Einmal im Jahr kommt sie zurück und taucht dann ein in die Museen der Stadt, die ihr von Kindheit an vertraut sind. Jedes Mal ein anderes Museum, sagt sie sich, wenn sie ihre Reise in Tokio plant, und kommt dann doch nie am Louvre und dem MO vorbei, wie man das Musée d'Orsay auch liebevoll nennt.

So viele Impressionisten und Postimpressionisten an einem Ort! Camille kann sich nicht sattsehen an den Manets, Cézannes, Monets und Renoirs, die hier hängen. Der zur Weltausstellung im Jahr 1900 gebaute Bahnhof wurde nach dem Quai d'Orsay benannt, an dessen linkem Ufer er liegt. Er galt als der schönste und prachtvollste Bahnhof von Paris und bediente – für die elektrischen, nicht aber für die dampfgeführten Züge – die recht kurze Linie Paris-Orléans. In den dreißiger Jahren reichten die Bahnsteige für die modernen, inzwischen längeren Züge nicht mehr aus und man nutzte das Gebäude für verschiedene Zwecke, als Poststelle oder Lager, riss es beinahe ab, bevor es in den späten achtziger Jahren zu einem Museum umgewandelt wurde. Das Café kam erst später, ist Camille sich sicher.

Morgens, wenn das Museum seine Türen öffnet und man wie Camille als Erste das Café im 5. Stock des Gebäudes betritt, empfangen einen die vielen Stühle, die einen regen, von Besuchern bevölkerten Ort vermuten lassen, ganz herzlich, als wäre die einzigartige Kulisse einzig und alleine für einen selbst geschaffen worden. Ihren Espresso nippend, betrachtet Camille die geschwungenen Stuhlrücken, die sich in Panelen spiegeln und wie komplementäre Protagonisten einer modernen Ausstellung wirken. Mit dem typischen Pariser Bistrostuhl, so wie ihn Michael Thonet entworfen hat, haben sie nicht viel gemein, doch sie beeindrucken durch ihre eigene Ästhetik. Der Klassiker aus Holz und Rattan, mit Dampf gebogen, hängt hier irgendwo im Museum. Die Hinterbeine halten als Ganzes zusammen, nur die Vorderbeine müssen geschraubt werden – ein ganz einfaches Prinzip. Die Legende sagt, Thonet habe die Stabilität der Stühle überprüft, indem er sie vom Dach der Fabrik schmiss. Hier aus dem 5. Stock des Musée d'Orsay würden sie den Test sicher nicht bestehen, überlegt Camille und denkt an die klassischen Stühle und Art-nouveau-Symbole in modernem Design und Gold um sie herum. Sie stellt sich vor, wie eine handgreifliche Menge sämtliche Stühle an den Lehnen greift, um sie durch die Gegend zu werfen. Camille schmunzelt bei dem Gedanken. Als die ersten Gäste kommen, steht sie auf. Sie wird sich nun ausschließlich der 5. Etage widmen, den Impressionisten, und danach ganz sicher ins Café zurückkehren und eine Quiche aus dem Brasserie-Angebot essen. Die Uhr zieht Camille magisch an, dieses Relikt aus der Uhrmacherzeit der Jahrhundertwende. Wenn sie davorsteht, hat sie das Gefühl, inmitten der Zeit zu sein. »In time« – dabei ist sie, wie viele Pariser und sehr zum Leidwesen ihres japanischen Mannes, immer unpünktlich.

ACHTES ARRONDISSEMENT

Kaffeeklatsch mit Freundinnen unter Bananenbäumen und Palmen

CAFÉ DU PETIT PALAIS
LE JARDIN DU PETIT PALAIS
Avenue Winston Churchill
75008 Paris

Ein einzelner hellgrüner Stuhl aus Eisen steht einsam an dem runden Cafétisch. Véronique und Irène schauen verdutzt, wo ist der zweite? Fest entschlossen, das Schicksal ihres Treffens nicht dem Zufall überlassen zu wollen, suchen sie hinter jeder einzelnen Säule auf der Terrasse des Petit Palais, um endlich fündig zu werden: Der zweite Stuhl wurde von anderen Gästen entführt, er stand sehr weit weg von seinem Partner. Jetzt sind beide wieder vereint. Perfekt! Denn hier im Café du Petit Palais nahe den Champs-Élysées scheint alles auf Zweisamkeit ausgerichtet. Sogar die eleganten, hohen Säulen treten jeweils paarweise auf.

Véronique und Irène setzen sich zufrieden hin, rücken die Stühle näher zueinander und passen dabei auf, dass deren Beine den schönen Mosaikboden nicht zerkratzen. Ihre kleine Klatschrunde inmitten der Marmorsäulen, Fresken und Palmen hat Tradition. Seit ihrer Schulzeit treffen sie sich einmal in der Woche in diesem Café.

Mit Blick auf den exotischen Garten des Petit Palais erzählen sie sich beim Tee ihr Leben – die kleinen Geschichten des Alltags, Ereignisse aus ihrem Familienleben und ihren wechselnden Liebesbeziehungen und die unweigerlichen Trennungen. Für das luxuriöse Ambiente und das einem Gemälde gleichende Dekor, über das sie beim ersten Besuch noch staunten, haben sie inzwischen kaum noch Augen. Véronique erinnert sich nur, dass sie als Schülerinnen eines Tages erfahren hatten, dass der Garten, der unweit ihrer Schule auf der anderen Seite des Pont Alexandre III. lag, keinen Eintritt kostete – und so haben sie sich hergetraut. Sie wollten ganz bewusst der *art de la pause* frönen, also der Kunst, eine Pause zu machen, von der ihr Philosophielehrer Monsieur Cugno der Abiturientenklasse erzählt hatte und die von den alten Griechen stammt. Diese Kunst beherrschten beide schnell. Allerdings fiel es ihnen bei all der Ruhe und Schönheit um sie herum jedes Mal schwerer, vom Tisch wieder aufzustehen. Die Stühle sind ihnen vertraut, die Oberfläche der Tische, auf die sie die Ellbogen abstützen, wenn sie ihre Tassen mit beiden Händen halten, ebenfalls. So bleiben sie immer etwas länger als geplant.

Mit ihnen etwas gealtert, zumindest vom Gefühl her, ist die Kellnerin mit dem schwarzen Pferdeschwanz, die mit ihrer schwarz-weißen Kellnerkluft und den professionellen Gesten für die nötige Eleganz des Ortes sorgt. Véronique und Irène wissen nicht, wie sie heißt, doch sie hat hier schon gekellnert, als die beiden Frauen zum

ersten Mal herkamen und gehört damit für sie zum Inventar. Da das Café du Petit Palais für beide eine natürliche Verlängerung ihres Zuhauses ist, fiel es besonders auf, als die Kellnerin einmal fehlte. Statt ihrer kam ein Kollege, der, weil es aus Eimern schüttete, das Tablett mit den Getränken mit einem kleinen aufgespannten Regenschirm schützte, was beide nie vergessen werden.

Eine Stewardess mit blondem *carré*-Schnitt setzt sich an den Nebentisch und holt ein Schminktäschchen aus ihrer Handtasche. Seelenruhig fängt sie an, sich zu schminken, als sei das Café ihr Badezimmer. Eine Nonne in weißer Tracht liest am anderen Tisch ein Buch, Véronique fragt sich, welche Haarfarbe sie trägt. Und dann kommt noch eine Frau in den Fünfzigern in einem Kleid aus der gleichen Epoche – weiß-schwarze Karos, ein Unterkleid aus Tüll – und einem roten Mantel. Dazu trägt sie hohe Pumps, aus denen ihre bestrumpften Beine wie Storchenbeine herausragen. Eine Schauspielerin, die gerade aus einem der Luxushotels an den Champs-Élysées kommt? Doch die eine Laufmasche verrät, dass der eigenartige Aufzug kein Kostüm für eine Filmszene ist – aber filmreif sind sie alle drei: die Stewardess, die Nonne und sie.

Véronique und Irène sind auch ein bisschen deswegen hier im Café du Petit Palais: Weil die Klientel nicht nur aus Nachbarinnen wie ihnen besteht, sondern auch aus Zugereisten aus aller Welt – sehen und nicht gesehen werden, das ist für sie die Devise. Auch wenn man hier alleine ist, ist man nicht alleine, sagen sie sich – wobei keine ohne die andere je hier gewesen ist. Auch haben beide noch nie einen Fuß in den über 5000 Quadratmeter großen Petit Palais gesetzt. Viel wissen sie nicht über dessen Geschichte als einer der Pavillons der *exposition universelle* von 1900. Und nie würden sie auf die Idee kommen, nach dem Tee im Café noch eine aktuelle Courbet-Ausstellung zu besuchen. Dafür ist ihnen der freie Zugang zum Garten mit seinen Bananenbäumen, Palmen und Bassins und damit auch zum Café heute wie damals in ihrer Jugend wichtig und heilig. Auch wenn sie sonst für Kunst nicht so viel übrighaben, an dem Gemälde *Der Tee am Nachmittag* der Malerin Marie Bracquemond aus der Zeit um 1880, das unweit des Cafés im Palais hängt, hätten sie sicher ihre Freude: Es zeigt eine Teetrinkerin wie sie, nur aus einem anderen Jahrhundert.

Abschiedscafé an den Champs-Élysées

LE FOUQUET'S
99 avenue des Champs-Élysées
75008 Paris

Es muss ein heißer Julitag in den frühen Siebzigern gewesen sein, wir hatten uns auf der Terrasse des Fouquet's verabredet – auf der Seite der Champs-Élysées. Nicht aus Nostalgie, weil dies unser Lieblingscafé war, sondern weil es an diesem Tag auf unseren Wegen lag: auf deinem zur Arbeit nahe der Avenue Montaigne in der Impasse d'Antin, auf meinem zum Gare Saint-Lazare. Mein Zug nach Le Havre fuhr um 10 Uhr, mein Hotelzimmer am Hafen war reserviert – am nächsten Vormittag würde mein Schiff der *Compagnie Générale Transatlantique* nach New York auslaufen. Warum ich mit dem Schiff fuhr? Ich wollte nicht fliegen und das Schiff war eines der letzten auf der legendären Linie in die USA. Mein Umzug war beschlossene Sache und zu dem Zeitpunkt sicher das Beste für uns beide. Nach unserer letzten gemeinsamen Nacht hatten wir noch Zeit für einen Kaffee, für einen Abschied im Fouquet's.

Ich hatte mein geblümtes langes Kleid an, das du so an mir liebtest, weißt du noch? Du saßt schon am Tisch, einen Fuß leger auf meinen kleinen Lederkoffer gesetzt, den du am Morgen für mich getragen hattest und der mich nun mit dir im Fouquets erwartete – mein schweres

Gepäck hatte ich aufgegeben, es war schon längst abgeholt worden. Wie immer hattest du schon für uns beide bestellt, als wüsstest du, dass ich pünktlich sei, als wüsstest du, was ich trinken wollte. Ich fand das am Anfang unserer Beziehung anmaßend, später aber wurde es zum Ritual. Jedes Mal im Café beeiltest du dich, die Bestellung für uns beide aufzugeben – und ich musste lächeln.

Du nahmst meine Hand und hieltst sie in deinen beiden Händen, als wolltest du sie wärmen, dabei hatten wir einen der heißesten Tage des Jahres und einen der heißesten Sommer des Jahrhunderts. Deine Augen verrieten mir all die Traurigkeit, die du schon tausend Mal in Worte gefasst hast, seitdem ich dir gesagt hatte, dass ich ging. Doch es musste sein und war richtig so.

Die Terrasse des Fouquet's, auf der wir so viel Zeit verbracht hatten, war zu dieser Tageszeit noch sehr ruhig. Der Kellner kam rasch mit meinem *café crème* und deinem *express* an den Tisch. Ich lehnte meinen Kopf traurig an deine Schulter und ließ in Gedanken unsere Pariser Zeit Revue passieren. Die langen Abende im Fouquet's gehörten definitiv dazu, obwohl du anfangs mit dem historischen Lokal aus der Jahrhundertwende, das mir aus den Tagen rund um die César-Verleihung, für die ich arbeitete, vertraut war, etwas gefremdelt hattest. Zu viel Prominenz aus Film und Politik in diesen Räumlichkeiten, meintest du, »nicht meine Welt!«. Erst als ich dir die Geschichte von Monsieur Louis Fouquet erzählte, dem einfachen *limonadier*, der Ende des 19. Jahrhun-

AVENUE
GEORGE V
Fouquet's

derts ein recht dürftiges Lokal für wartende Pferdekutscher aufkaufte und daraus eine Luxusbar schuf, hellte sich dein Gesicht auf. Du warst schon immer für solche Geschichten zu haben. Seitdem hieß es immer: »Lass uns bei den Pferdekutschern was trinken gehen.«

»Die Stammgäste haben silberne Serviettenringe, in denen ihr Name eingraviert ist, wusstest du das?«, fragtest du mich eines Tages. »Und jedes Mal, wenn sie hier erwartet werden, legt man ihnen die Serviette in ihrem Silberring hin, verrückt!« Später hast du mir zwei solche Ringe für meine Pariser Wohnung geschenkt, einen mit meinem, einen mit deinem Namen, Pierre. Beide lagen an jenem Tag in dem kleinen ledernen Koffer nach New York – als Souvenir an das Fouquet's, vor allem aber an uns.

Lange habe ich sie nicht benutzt, zu sehr lag der Schmerz auf meinen Erinnerungen. Bis meine Enkelin die Silberringe in der Schublade fand und mich fragte: »Wer war eigentlich Pierre?« Da habe ich dich angerufen.

Anne und Aimée beim Tee im Palast

LE CAFÉ JACQUEMART-ANDRÉ
158 boulevard Haussmann
75008 Paris

»Heute entführe ich dich in einen der schönsten Teesalons der Hauptstadt«, flüstert Anne ihrer Freundin ins Ohr und schaut rasch auf die Uhr, ob er gerade geöffnet hat – nur von 11.45 Uhr bis 17.30 Uhr steht dessen Tür den Gästen offen. Dann zieht sie Aimée, die aus Nizza für ein paar Tage nach Paris kam, fort von den Schaufenstern des Boulevards. »Genug eingekauft, mehr Einkaufstüten kannst du ja gar nicht tragen. Du wirst sehen, das Café Jacquemart-André wird dir gefallen! Mit seinem Stuck, seinen großen historischen Gemälden an den Wänden und dem Mobiliar im Louis-XIV-Stil. fühlst du dich wie auf einer Zeitreise. Und dein Kaufrausch macht mal Pause, du gibst gerade zu viel Geld aus!« Anne zwinkert ihrer Freundin zu und zieht sie weiter.

Das Café befindet sich im ehemaligen Speisesaal des *hôtel particulier* von 1876, das sich die Eheleute Nélie Jacquemart und Edouard André an den damals frisch hergerichteten boulevard Haussmann bauen ließen. Die Namensgeber des Cafés kauften auf Reisen durch Europa, den Orient und Indien Kunst aller wichtigen Maler und Bildhauer und zeigten sie nur zu gern ihren Gästen, die sie regelmäßig empfingen. Neben den Gemälden und Skulpturen gab es in dem Palais noch Weiteres zu bewundern. Die Innenarchitektur war *en vogue*: So gab es neben Küche, Speisesaal und den üblichen Schlaf-, Gäste- und Wohnzimmern auch ein *fumoir,* ein *boudoir,* einen *jardin d'hiver,* eine *bibliothèque,* eine *vestiaire* sowie einen *salon de danse.* Im heutigen *salon de thé* stehen geschnitzte Louis-XV-Konsolen, hängen Tapisserien aus dem 18. Jahrhundert an der Wand und an der Decke erfreuen Fresken von Giambattista Tiepolo und Kristalllüster das Auge. »Der *salon de thé* hätte auch sehr gut im *jardin d'hiver* eingerichtet werden können«, findet Anne. »Damals war eine solche Glaskonstruktion für exotische Topfpflanzen ja das Ultimum des modernen *art de vivre.* Wenn wir nachher noch Zeit haben, zeige ich sie dir.«

Die beiden Freundinnen stellen die Einkaufstüten ab, hängen ihre Handtaschen an die Rückenlehnen der Stühle und studieren die Karte. »Ah, es liegt an der Pâtisserie Stohrer, dass du mich hierherführst«, sagt Aimée, die sich mit der spitzen Bemerkung für die Kaufrauschrüge ihrer Freundin revanchiert, »gib's zu!« Tatsächlich hat es die fahrbare Glasvitrine der ältesten Pâtisserie von Paris (gegründet im Jahr 1730) in sich: Schokoladenéclairs, *puits d'amour, Saint-Honoré chocolat-noisette, mille-feuille* oder *tarte au citron* … Aimée kann sich nicht entscheiden, was sie zu ihrem Tee bestellen soll. Am Nebentisch ist ein Mann mittleren Alters ganz in die Lektüre seiner Zeitung vertieft, die er mit beiden Händen hochhält wie ein Schutzschild. Ihr Blick fällt auf ein

Pärchen vor der Wand gegenüber, das offenbar im Sitzen eingeschlafen ist. Der Kopf der Frau lehnt an der Schulter des Mannes, der die Beine übereinandergeschlagen hat. Vor ihnen stehen zwei Porzellantassen und zwei Teekännchen. Die Kellner und die anderen Gäste kümmern sich nicht um sie und lassen sie schlafen. So viel Frieden.

NEUNTES ARRONDISSEMENT

Die ganze Nacht im Café: So ist Paris am schönsten

LE GRAND CAFÉ
4 boulevard des Capucines
75009 Paris

Yves-Laurent und ich stranden mitten in der Nacht nach einem missglückten Abendessen und späterem Absacker in einer heillos überforderten Kneipe im 9. Arrondissement zufällig im Grand Café. Das Lokal ist hell und einladend erleuchtet und wir halten das Taxi, das uns erst ziellos durch die Straßen führte, weil wir uns nicht einigen konnten, welches Viertel wir nun anfahren sollen, Bastille oder doch eher République, und welches Café nun noch offen hat, spontan mitten auf der place de l'Opéra an. Das ist es! Das Grand Café ist durchgehend geöffnet. *»Comme les grands boulevards, le grand café ne dors jamais«*, erinnert mich Yves-Laurent und hilft mir galant aus dem Taxi. Der Fahrer schnauzt uns unflätig an, es erstaunt uns nicht: Er hat wohl eine längere Fahrt erwartet und weiß, dass er hier an der Oper und in der Nähe der Kinos *Grand Rex* und der Musichall Olympia um diese Zeit, weit nach Ende der letzten Aufführungen und Konzerte, nicht mehr viele Gäste einsammeln wird.

Die Boulevards sind unglaublich ruhig. Kaum ein Auto fährt, die wenigen Passanten eilen schnell nach Hause. Drei Uhr nachts ist aber für uns keine Zeit, schlafen zu gehen. Wir haben im Taxi beschlossen, durchzumachen. Das Grand Café im Stil eines Wintergartens strahlt uns an und wir nehmen auf den Bistrostühlen aus Rattan Platz, hungrig nach einem besseren Ambiente, besseren Getränken, netteren Bedienungen als dort, wo wir den Abend zuvor verbracht hatten. Die Marmorbar, elegante Sessel mit buntem Samt bezogen, Spiegeldecke, goldene Lampen, das alles modern und dennoch an die goldenen Zeiten der Jahrhundertwende erinnernd – hier können wir kurz Halt machen, um dann weiterzuziehen. Der Blick in die Karte ist zugleich eine Standortbestimmung erster Güte, denn überall steht das Geburtsjahr des Grand Café: 1875, zur Eröffnung der Pariser Oper. Ein Jahr zuvor wurde am selben, recht kurzen Boulevard zwischen dem 2. und 9. Arrondissement die erste Ausstellung der später als Impressionisten bezeichneten Künstler gezeigt. Seit seiner Eröffnung war dieses Café *en vogue*. Es war mondäner als alle anderen an den *grands boulevards*, welche die Stadt damals neu strukturierten, und *tout Paris* nahm Le Grand Café in seine elitären Adresskalender auf, ging doch nahezu jeder nach einer Opernaufführung oder einem Ballettabend hier essen oder etwas trinken. Auch Filmgeschichte wurde hier geschrieben: Am 28. Dezember 1895 führten die Brüder Lumière hier im *salon indien* im Untergeschoss ihren ersten Film öffentlich auf.

Yves-Laurent und ich fantasieren uns durch die vielen Bars und Diskotheken von Paris, in die wir anschließend gehen könnten und reden uns dabei in Rage, so unterschiedlichen Musikgeschmacks sind wir. Wieder kommen wir auf keinen grünen Zweig. Langsam fängt es an zu nieseln und wir haben immer weniger Lust, nach draußen zu gehen. Das Grand Café breitet seine schützenden Arme über uns aus. Zwar ist das purpurfarbene Ambiente im Stil eines Theaters etwas zu pompös für uns, doch wir fühlen uns wohl. Wie ein paar andere Gestrandete der Nacht warten wir über unseren Getränken auf das Morgenrot, das Paris verwandeln wird. Die ersten Croissants werden an die Theke gebracht und der Barmann zieht die ersten Kaffees durch seine italienische Maschine, sodass Düfte und Geräusche uns zu einem frühen Frühstück animieren.

Etwas später zieht die Kehrmaschine der Straßenreinigung ihre Runden über die *trottoirs* und der Straßenfeger streift mit seinem langen Reisigbesen, der genauso aussieht wie noch vor 50 Jahren, lässig in gleichmäßigen Bewegungen über den Bürgersteig des boulevard des Capucines. In der Nummer 24 wohnte mehr als 50 Jahre lang die Musikhall-Legende Mistinguett. Ihr Lied *Mon homme* singend, ziehen Yves-Laurent und ich durch die Straßen, die noch nicht erwacht sind. So ist Paris am schönsten.

Philosophengespräche im ehemaligen Impressionistencafé

CAFÉ DE LA NOUVELLE ATHÈNE
9 place Jean Baptiste Pigalle
75009 Paris

Der Mann mittleren Alters mit dem etwas zu großen, beigen Trenchcoat und Haaren, die einen neuen Schnitt gut vertragen könnten, betritt das Café und läuft geradewegs zur Theke, um einen Absinth zu bestellen. Paul sitzt schon lange da, greift gedankenverloren in seine graumelierten Haare und starrt sein Bier lange an, ohne zu trinken, da wird er von dem Neuankömmling angesprochen. Ob er das Bild *Dans un café* von Edgar Degas kenne? Es wurde von 1875 bis 1876 in Paris gemalt und stellt die Schauspielerin Ellen Andrée und den Maler und Graveur Marcellin Desboutin dar. Vor der Frau steht ein Glas Absinth, so wie das, welches er gerade bestellt habe und das er in seiner Hand leicht schüttelt, bis die Eiswürfel klirren. Dann nimmt er einen großen Schluck von der trüben, milchig blassgelben Flüssigkeit und fährt fort. Der Blick der Frau sei so niedergeschlagen, etwas *vague* wie der von Paul, da habe er sich an diese Szene erinnert. Er kenne das Bild nicht? Ob er wenigstens von dem Maler Degas gehört habe? Paul fixiert weiterhin einen Punkt im Saal des Cafés. Er sieht müde aus, nein, er ist müde. Er schaut durch den Saal und sieht nur Grau, Braun und Schwarz: Das Grau des Marmors, der Zeitungen, der Gesichter; das Braun der Sitzbänke; das Schwarz der Schatten. Der Mann in dem Bild würde Pfeife rauchen. Wie schade, nicht wahr, dass es nun im Café verboten sei? Paul nickt, obwohl er selbst nicht raucht. Er schaut immer noch in Richtung Saal und die Gäste um ihn herum erscheinen ihm wie Figuren auf einem Schachbrett. Ihr Geplauder ist nur ein monotones Hintergrundrauschen, das ab und an durch das Gelächter einer jungen Frau unterbrochen wird. Derweil weitet sich der Raum für Pauls Reflexionen.

Der Mann, der ihn angesprochen hat, versteht endlich, dass er keine Chance auf ein Gespräch hat, lässt von ihm ab und wendet sich einem anderen ahnungslosen Gast zu …

Das Café de la nouvelle Athène, place Jean Baptiste Pigalle 9, galt als die Heimat der Impressionisten und auch die Künstler um Manet zogen es bald dem Café Le Guerbois vor. Beide existieren schon lange nicht mehr. Nur noch auf dem einen oder anderen Gemälde kann man sich hineinträumen. So wie Paul, der im Musée d'Orsay vor Edgar Degas' *Dans un café* steht und den Eindruck hat, inmitten dieses Gemäldes zu sitzen, wie die Frau mit ihrem Absinth.

Mit Blick auf den goldenen Engel auf dem Operndach der Opéra Garnier

CAFÉ DE LA PAIX
5 place de l'Opéra
75009 Paris

Die Aufführung war fantastisch. Die Musik, die Lichter, das plötzliche Verstummen des aufgeregten Geflüsters vor den Akten, die Stimmung während der Pause, in der Stéphane sich um Champagner für sie beide gekümmert hatte, damit auch alles nach ihren Wünschen verlief, so sehr liebte er sie, seine kleine Nathalie. Nach der Vorstellung schritten sie die monumentale geschwungene Treppe hinunter und liefen Hand in Hand in das Café de la Paix schräg gegenüber der Opéra Garnier, wo seit dessen Eröffnung im Jahr 1862 schon so viele berühmte Gäste umgeben vom Glanz vergangener Tage und goldverzierten Wänden saßen: Jules Massenet, Marcel Proust, Émile Zola, Marlene Dietrich, Oscar Wilde, Yves Montand, Maurice Chevalier ... Ein bisschen fühlen sie sich ihnen verbunden, hier auf der Terrasse, auf der man speisen und zugleich den Stil Napoleons III. genießen kann, die Stuckkolonnen und die von Charles Garnier bemalte Decke. Im Sommer hat man von der *terrasse d'été* auf dem Bürgersteig den besten Blick auf das kurz nach Eröffnung des Cafés gebaute Opernhaus. »Im sehr heißen und schwülen Sommer 1898 hatte Oscar Wilde,

CAFÉ
de la

einer der Stammgäste des Café de la Paix, hier eine ganz besondere Begegnung«, erzählt Stéphane. »Wegen der anhaltenden Hitze wurde die Straße üppig mit Wasserschläuchen nassgespritzt und ein leichter Wasserdampf stieg vom heißen Belag empor. Plötzlich entstieg mitten auf dem Platz ein goldener Engel der Dampfwolke, der immer größer wurde, je länger Wilde auf ihn blickte. Ein paar Frauen am Nebentisch trauten ihren Augen nicht, sie standen auf, dabei kippte der Tisch um, die Karaffen und Gläser zerschellten auf dem Pflaster. Eine Tischnachbarin fiel sogar in Ohnmacht – zu groß und unglaublich war diese Engelsvision.«

Nathalie hält den Atem an und hängt an Stéphanes Lippen – es ist eine fremde Welt für die junge Frau. Sie staunt: »Eine Wundererscheinung?«

»Nein«, antwortet Stéphane, »man hätte es meinen können. Aber es war lediglich das Spiegelbild des großen Engels auf dem Operndach, das die Sonnenstrahlen verstärkten, als sie auf den Wasserdampf trafen.«

Der goldene Engel auf dem Operndach ist an diesem Abend angestrahlt. Nathalie, die erst vor kurzem auf der anderen, gegenüberliegenden Seite der Oper in einer staatlichen Bank der rue Halévy im 5. Stock ihre Ausbildung zur Bankangestellten begann, blickt jeden Tag auf ihn. Ab und zu kann sie durch eines der offenen Fenster die jungen Tänzerinnen bei der Probe erblicken und hört auch ganz leise einzelne Musiktöne, wenn der Lärm des Straßenverkehrs am boulevard des Capucines und place de l'Opéra das erlaubt. Doch nicht nur

Nathalies und Oscar Wildes Fantasie wurden durch den magischen, von Garnier geschaffenen Ort angeregt, auch die des Journalisten und Schriftstellers Gaston Leroux. Seinen Roman *Das Phantom der Oper* lässt er in den 1880er-Jahren im Gebäude mit dem rätselhaften Grundwassersammelbecken spielen. Nathalie schaut zur Oper zurück. Ihr ist das unterirdische Gewässer samt Labyrinth unter dem Gebäude, in der sie gerade den Abend verbrachte, nicht ganz geheuer und sie versucht, ihre Gedanken in andere Richtungen zu lenken. »Was bedeutet dieses schwarze Schild mit der Aufschrift Cinématographe Eug. Pirou? Wer war dieser Pirou überhaupt?«, fragt sie. Stéphane, Geschichtsstudent an der Sorbonne, gibt sein Bestes, um vor Nathalie gut dazustehen. Zum Glück hat er sich vor dem Abend etwas Wissen angelesen und zum Glück stellt Nathalie die richtigen Fragen – zur Geschichte, und nicht zur Musik, von der er nämlich keinen blassen Schimmer hat. »Pirou war ein damals sehr bekannter Fotograf, den du dir mit einem weißgrauen Rauschebart vorstellen musst und der prominente Persönlichkeiten aus *tout Paris*, die wie er ihre Zeit im Café de la Paix totschlugen, vor die Linse bekam. 1896 organisierte er im Untergeschoss des Café de la Paix erste Filmvorführungen, der Eintritt kostete einen *franc.*« »Einen *franc?*« Nathalie kann sich das nicht vorstellen.

»Heute entspricht das ungefähr drei oder vier Euro. Für damalige Verhältnisse war das viel Geld. Nicht jeder konnte sich das leisten.« Stéphane ist froh, als der

Kellner ihre Getränke serviert, denn weit wäre er mit seinem Wissen nicht gekommen, hätte Nathalie weitergefragt. »Santé«, stimmen beide gleichzeitig an und müssen lachen.

ZEHNTES ARRONDISSEMENT
Tee-Apéro mit Blick auf einen der vier Arcs de Triomphe

L'AMOUR VÂCHE
2 boulevard de Bonne Nouvelle
75010 Paris

BOUILLON JULIEN
16 rue du Faubourg-Saint-Denis
75010 Paris

Ein gurrender Taubenschwarm hat sich vor dem Triumphbogen an den Boulevards Strasbourg und Saint-Denis, an der Porte Saint-Denis, niedergelassen und den gesamten Platz besetzt, hinter dem das Café L'Amour vâche an einer Straßenecke seine unprätentiöse Terrasse entfaltet. Mitten über den Platz läuft ein Mann, gedankenverloren und dennoch zielsicher, die Vögel links und rechts von ihm durch seine Schritte verscheuchend. Der Verkehr rast laut an sich lebhaft unterhaltenden Menschen vorbei, die Einkaufskörbe mit Gemüse und Blumen vom Markt um die Ecke schwenken. Andere tragen ihr Musikinstrument wer weiß wohin – in die nächste Musikschule oder in den Proberaum eines Orchesters. Hier an der Kreuzung rue Saint-Denis, rue du Faubourg-Saint-Denis, dem boulevard de Bonne Nouvelle und dem boulevard Saint-Denis gibt es viele Möglichkeiten, leben doch hier viele vom Theater und von der Musik, sind Grand Rex, Comedia, Théâtre de la Renaissance oder das Théâtre de la Porte Saint-Martin nicht weit. Wen also werden sie mit ihrem Spiel, mit ihrer Musik glücklich machen?

Plötzlich fliegen die Tauben auf und umkreisen den Triumphbogen, um sich kurz darauf auf den angrenzenden Schieferdächern niederzulassen, als wollten sie die Szenerie kurz von oben betrachten. Die Farbe ihres Gefieders verliert sich in dem Aschgrau der Dächer. Die Tauben kehren aber zurück. Eine eindeutig friedliche Entente zwischen Bewohnern, Menschen und Vögeln lässt sie wieder an ihren Ort vor dem imposanten Bogen aus dem 17. Jahrhundert zu Ehren Ludwigs XIV. zurückkommen.

Die Frage nach einem Tee erntet missbilligende Blicke der weiblichen Bedienung, schließlich ist jetzt doch die beste Zeit für einen Apéro. Um mich herum Biere und Panachés, kleine Schälchen mit Erdnüssen. Es wird lauthals zugeprostet, eine Gruppe junger Erwachsener hat was zu feiern. Da ist Pfefferminze oder Grün einfach nicht angesagt. Doch ich bin nicht die Einzige. Zwei Freundinnen kommen offensichtlich vom Yoga, setzen sich in ihren Sportklamotten direkt an den Tisch neben mir und lehnen ihre Yogamatten an die Bistrostühle. Hier im Viertel Porte Saint-Denis leben verschiedene Generationen und Kulturen nebeneinander, das junge, kosmopolitische Publikum aber ist eindeutig in der Mehrheit.

Die beglückende Sonne Anfang Februar lässt den Triumphbogen in seiner ganzen Pracht erstrahlen. Der Bau kopiert den Titusbogen aus Rom und ist viel älter als der von Touristen umlagerte Arc de Triomphe am oberen Ende der Champs-Élysées. Der Bogen steht so nah am Café L'Amour vâche, dass man von der Terrasse aus ganz in Ruhe die Reliefs und die Architektur des fast 25 Meter hohen Bauwerks bewundern kann. Es gibt einige Cafés in Paris, die in unmittelbarer, schier greifbarer Nähe zu Denkmälern stehen. Doch hier haben wir es mit einem von nur vier erhaltenen Arcs de Triomphe zu tun, die einst Charakter und Funktion eines Stadttors hatten und heute eher stille Zeugen einer anderen Zeit sind. Durch dieses Tor – aber auch durch die nahegelegene Porte Saint-Martin – trennte Colbert Paris von seinen Faubourgs und durch die rue du Faubourg-Saint-Denis ritt der König mit seiner Entourage bis zur Basilika Saint-Denis im Norden der Stadt. Hätte es den unweit in der rue du Faubourg-Saint-Denis gelegenen Bouillon Julien schon gegeben, wäre der Feinschmeckerkönig sicher kurz vom Pferd gestiegen. Doch das Haus Bouillon Julien ist von 1906 (andere nach dem Namen einfacher Bouillon-Suppe benannte Gasthäuser, Bouillons, sind älter, wie das Bouillon Chartier von 1896), ebenso seine Bar aus Mahagoni, jene zentralamerikanische Holzsorte, die erst Ende des 19. Jahrhunderts in Europa eingeführt wurde. Das hellgrüne Ambiente im Art-déco-Stil gefiel übrigens schon Édith Piaf, Tisch 24 war ihr Stammplatz – hier verbrachte sie viele Stunden und wartete mit

Freuden auf ihren Freund Marcel Cedan, dessen Boxhalle direkt um die Ecke lag.

Ich verlasse das L'Amour vâche, freue mich über das unproblematische Nebeneinander von Geschichte und Gegenwart, das in diesem kleinen, unscheinbaren Café möglich ist, laufe zum Bouillon Julien, setze mich ganz hinten, weit vom Eingang und von den Touristen entfernt, unter die *grande verrière*, und wähle unter dem zarten Licht, das sich durch die floralen Glasscheiben bricht, auf der Speisekarte die Bouillon-Empfehlung des Tages mit Rind, Ingwer und Citronelle, die denselben Namen trägt wie das Lokal. »Eine Bouillon passt zu jeder Tageszeit«, meinte schon meine Großmutter Renée, die im selben Jahr geboren wurde, in dem auch das Lokal entstand, das Rinderbrühe und Suppen zu seinem Aushängeschild machte.

Legendärer Einkehrort für die Gare de l'Est

CAFÉ DE L'EST
78 boulevard de Strasbourg
75010 Paris

Es ist früh am Morgen, die Straßen sind noch nass vom Gewitter letzter Nacht und dafür, dass kaum Bäume zu sehen sind, liegen ganz schön viele Äste kreuz und quer auf dem grauen Pflaster. Im Café de l'Est strandet man nach durchzechter Nacht. Doch die meisten Menschen hier haben den Pariser Ostbahnhof als gemeinsames Schicksal: verspätete Züge, Wartezeiten zwischen Verbindungen, Zugausfälle. Sie halten sich gegenseitig die Tür auf, schieben ihre Rollkoffer ins Café und tauschen sich dabei über die Abfahrtszeiten der Züge nach Strasbourg aus. Man könnte fast meinen, das Café sei Teil des Bahnhofs, doch das ist es nicht. Noch fühlt man sich hier wie in der Stadt und nicht wie in dieser diffusen Zone zwischen noch da und schon weg, gefangen zwischen den Quais. Hinge hier ein Bildschirm, auf dem die Abfahrtszeiten der Züge ständig aktualisiert werden, wie es sich so mancher Gast, der ständig auf die Uhr schaut, vielleicht wünscht, wäre das anders.

Jeder der vier großen Bahnhöfe von Paris hat seinen legendären Einkehrort – für die Gare de l'Est, den Ostbahnhof, ist es das Café de l'Est. Drum herum ist auch

CAFE DE L'EST
restaurant
SERVICE CONT
SALADE
VENTE A EMPORTER
FRUITS DE MER
MENUS

alles nach Osten ausgerichtet: Die Hotels heißen nicht nur »des voyageurs«, sondern »de Lorraine« oder »d'Alsace«. Die Cafés und Brasserien servieren 24 Stunden lang elsässische Speisen und Getränke, vor allem Bier. »Cuisine française« steht draußen für die Touristen angeschlagen, als wolle sich der Ort schmollend behaupten inmitten der Fastfoodketten aus aller Herren Länder.

Der Kellner spielt mit dem kleinen Bargeldstapel auf seinem Tablett und lässt die Münzen eine nach der anderen aufeinanderfallen. Dabei lehnt er sich an den Serviertisch, auf dem Getränkekarten, Salz- und Pfefferstreuer und das Baguettemesser neben der Kasse liegen. Er trägt eine knappe Lesebrille auf der Nase und während er die Belege eintippt, lugt seine Zunge frech aus dem Mund. Sein runder Bauch wölbt sich gefährlich über den weißen Gürtel seiner Schürze, die ihm viel zu lang ist und bis unter die Knöchel geht. Doch keiner sieht es. Alle sind vertieft in die Tageszeitung *Les échos*, in ein Buch, ein Magazin oder in ihre Mails am aufgeklappten Laptop. Eine Frau mit Brille und aschblonden Haaren stützt ihren Kopf auf beide Handrücken. Der Kellner in der etwas zu eng anliegenden schwarzen Weste mit den kleinen Taschen für die Münzen, aus denen der Zeigefinger seiner linken Hand geschickt das Wechselgeld herauskramt, während er mit der rechten Hand das Tablett balanciert, bringt ihr ein Croissant im kleinen Körbchen und einen *petit crème*. Die Frau blickt kaum über ihren Brillenrand und greift mit sicherer Handbewegung nach dem Croissant, in dessen knusprige Sichelspitze sie herzhaft beißt. Den Rest wird sie Stück für Stück erst in ihren *café crème* tunken und dann genüsslich verschlingen. Es gibt nichts Schöneres als dieses französische Frühstücksduo – Croissant und *crème* – in einem schönen Café, denkt sie vielleicht, denn sie lächelt.

Unterdessen marschiert eine Frau mit einem weißen Blumenstrauß herein, strahlt einen wartenden Mann an und setzt sich nach herzlicher Begrüßung ihm gegenüber. Ihren roten Regenschirm hängt sie an den rotbeigen Rattanstuhl. Da schaukelt er noch eine Weile hin und her und diese Unruhe kontrastiert mit der friedlichen Stille, die sich um die beiden legt, als sie sich an den Händen halten und schweigend anlächeln.

In eine der berühmtesten *maisons closes* des 19. Jahrhunderts

DELAVILLE CAFÉ
(ehemals Le Marguery)
34 boulevard de Bonne Nouvelle
75010 Paris

Julie lehnt lässig an der eisernen Balustrade, die Terrasse fest im Blick. Ihre Jeans und das Karohemd, das locker vorne im Bund steckt, heben sich von dem Pagenschnitt ab, der ihren braunen Haaren eine gewisse Strenge gibt. Als der Riemen ihrer Handtasche leicht von ihrer Schulter rutscht, zieht sie ihn ruckartig wieder hoch, was ihre Ungeduld verrät.

Ihr ehemaliger Kollege Maixent, zu dem sie nach ihrem Weggang von der Schule noch Kontakt hielt, hat sie zu einem Apéro eingeladen. Als er am Telefon das ehemalige Marguery vorschlug, hatte Julie sofort zugesagt, obwohl sie über das Café nicht viel mehr wusste, als dass es Ende des 19. Jahrhundert eine der berühmtesten *maisons closes* von Paris beherbergte. 1860 hat der Chef Jean-Nicolas Marguery dieses Haus für Feiern im großen Stil im damaligen Trubel der *grands boulevards* eröffnet. Berühmte Künstler, mondäne Frauen und einflussreiche Männer verkehrten hier, feierten politische Ereignisse, Familienfeste oder Partys mit Freunden. Für intime Zusammenkünfte gab es die atmosphärisch auf

Erotik eingestimmte Etage, in die man diskret hochgehen konnte, um jede Art von Sinnesgelüsten zu erleben. Der Weinkeller mit den besten Bordeaux-Weinen war legendär, die *devanture*, die Fassade im Art-déco-Stil mit ihren Eisenbalustraden und der geschwungenen Markise, perfekt für die durch Palmen beschattete Terrasse an der überbreiten Stelle des Boulevards, welche die nördliche Abgrenzung der Anhöhung der Butte de Bonne-Nouvelle darstellt.

Julie versucht, sich das mondäne Leben von damals vorzustellen. Im heutigen Café, das nur entfernt an das luxuriöse Marguery erinnert, ist wenig vom Dekor und von den Mosaiken von damals übrig geblieben. Die elegante Markise ist schon längst einer bunten Terrassenüberdachung gewichen, die Schutz für unzählige junge Menschen in eifrigen Unterhaltungen auf eisernen *chaises Luxembourg* in allen Farben bietet. Von Maixent keine Spur. Aus Marguery ist Delaville geworden, eine wilde Mischung aus Resten der einstigen Art-déco-Ausstattung, den imposanten Treppen mit Marmorsäulen im Stil Napoleons III., modernem Industriechic, einem Kuriositätenkabinett im *salle papillon*, eleganten Sofas im *salon Marguery* und mit Spiegeln behangenen Fluren, die an die einstige *maison close* erinnern, die 1946 durch das Gesetz gegen Prostitution, »Loi Marthe Richard«, gezwungen wurde, zu schließen – wie an die 200 andere Pariser Etablissements auch. Abends kommen, immer noch wie früher, als das Theaterleben in Paris noch viel reger war als heute, ein paar Gäste nach einer Aufführrung des Théâtre du Gymnase nebenan, später gesellen sich auch die Schauspieler dazu.

Maixent aber lässt immer noch auf sich warten. Julie guckt sich schon von weitem einen Tisch am Rand aus, mit einem gelben und einem blauen Stuhl. Sie will sich aber nicht setzen und die Erste sein. Sie hasst an sich selbst diese Überpünktlichkeit, die so gar nicht pariserisch ist und ihre Herkunft vom Lande und auch ihren Charakter verrät. Nach einer halben Stunde Warterei im Stehen verlässt Julie die Straßenecke, etwas wütend über Maixent und mehr noch über sich selbst und fällt ihm fast in der rue d'Hauteville in die Arme. Nun wird es doch noch was mit ihrer Verabredung.

ELFTES ARRONDISSEMENT

Ein Eckcafé mit einem Interieur als *monument historique*

LE BISTROT DU PEINTRE
(ehemals Le Saumur)
116 avenue Ledru Rollin
75011 Paris

Das ehemalige Saumur ist eines jener Cafés, von denen *habitués* sagen, dass hier »niemand seine Katze suchen würde« – ein Ort etwas am Rande von allem. Ein *zinc de quartier* zwischen der rue de Charonne und der avenue Ledru-Rollin, ein Eckcafé, dessen Fassade heute im schönsten *modern style* und *Art nouveau* an bessere Zeiten erinnert und gemeinsam mit dem Interieur als *monument historique* verzeichnet ist. Hervé, aus der Auvergne stammend und schon lange im Cafégeschäft – erst als Kellner, jetzt als Besitzer –, steht am Tresen und schaut sich die Jugendstilkeramiken rechts und links des Spiegels an. Die eine stellt den Sommer dar, die andere den Frühling. Wo ist der Herbst? Wo der Winter? Wo sind nur die beiden anderen Jahreszeiten geblieben?

Vor dem Krieg waren sie noch da und hingen an beiden Seiten des Tresens. Doch während der Besatzungszeit mussten sie anderen Dekorationen weichen. Matthieu, der alte Kellner mit dem üppigen Schnauzbart, den verschmitzten Augen und dem kleinen runden Bauch unter seiner schwarz-weißen Kellnerschürze, der letztes Jahr in Rente gegangen ist, hätte etwas erzählen können aus jener Zeit. Schon sein Vater hat im heutigen Bistrot du Peintre gearbeitet. Matthieu war es auch, der bei der Renovierung auf die kleinen, an die alten Zeiten erinnernden Details achtete, die heute mit einem Augenzwinkern die lange Historie des altehrwürdigen Hauses würdigen: So preist ein Schild am Eingang den neuesten Beaujolais an, aber auch einen *café à 10 centimes.* Lampen, Spiegel und Sitzbänke aus der Zeit der Eröffnung wurden liebevoll restauriert. Nach wie vor schlängelt sich das Mosaikmuster über den Boden des Speisesaals hinunter in die untere Etage – hier war ein verspielter Künstler und Fliesenleger am Werk. Während der Renovierung im Jahr 2012 war Matthieu zum Glück jeden Tag da, als die Maler, Maurer, Schreiner und Fliesenleger ans Werk gingen, und verteidigte den Mosaikboden und die anderen Souvenirs an vergangene Zeiten, als wären es seine eigenen.

Hervé ist stolz auf das, was er aus dem alten Haus anno 1902 gemacht hat. Das Publikum ist jung. Mütter mit ihren Kindern sitzen hier genauso gemütlich wie das Studentenpaar, das sich eifrig und wild gestikulierend über die letzten Klausuren unterhält. Auch Angestellte aus nahe gelegenen Firmen lassen sich hier mittags die klassisch französischen Gerichte munden. *»Elle est comment, ta blanquette aujourd'hui, Hervé?«*, »Wie ist dein Kalbseintopf heute, Hervé?«, ruft einer und setzt sich

an den nächsten freien Tisch, ohne darauf zu warten, dass der Kellner ihn platziert. »Meine *blanquette* ist wie immer. Such lieber mal einen Wein aus! Bei 90 Weinproduzenten hast du Auswahl, *grands crus* und kleine Winzer. Ich biete davon 50 im Glas an – das hast du in der *Bastoche* noch nicht gesehen. Na, was meinst du?«, antwortet Hervé mit stolzer *Bougnat*-Brust. *Bastoche* steht für das Viertel *Bastille*. Bougnat wurden die aus der Auvergne stammenden Franzosen genannt, die im 19. Jahrhundert vom Land fliehend nach Paris zogen. Als Teil der größten Einwanderergemeinschaft in Paris ließen sie sich vorwiegend im 11. und 12. Arrondissement nieder – rund um die Bastille und den Voltaireplatz, bei der Gare de Lyon oder d'Austerlitz –, was ihnen den Besuch in der Heimat leicht machte, da Städte wie Clermont-Ferrand von hier aus rasch mit dem Zug erreichbar waren.

Heute ist die Bougnat-Gemeinschaft sehr viel kleiner als damals. Doch einige bekannte Cafés, Brauereien und Restaurants waren oder sind immer noch in der Hand von Auvegnats, so das Lipp, das Café de Flore oder das Deux Magots. Die Cafébesitzer kennen und respektieren sich und besuchen sich oft gegenseitig, um sich beim Mittagessen über die vermisste Heimat auszutauschen, ein paar Worte auf Auvergnatisch zu wechseln und gemeinsam einen Côte d'Auvergne zu genießen, den Hervé im Keller für diese Anlässe bereithält. Auch über den Käse aus der Auvergne wird viel geredet und woher die Gastronomen wohl den besten Bleu d'Auvergne, Cantal,

Saint-Nectaire oder Fourme d'Ambert beziehen. Hervé schwört auf die fruchtigen, angenehm zu trinkenden Weine seiner Heimat – Boudes, Chanturgue, Châteaugay oder Madargues aus dem Anbaugebiet am oberen Fluss der Loire – und liebt diese Momente: mitten in Paris mit ein bisschen Auvergne am Gaumen.

ZWÖLFTES ARRONDISSEMENT
Leidenschaftliche Affäre

LE TRAIN BLEU
Gare de Lyon
place Louis-Armand
75012 Paris

Du bringst mich mit deinem Auto zur Gare de Lyon, von dort fährt mein Zug Richtung Südosten. Wir steigen die geschwungenen Treppen zum pompösen Belle-Époque-Restaurant im Gare de Lyon hoch, doch nicht um hier zu speisen, wie die Pariser Großfamilien mit *grand-mère* und fein frisierten Enkeln, die am Sonntagmittag hier Lammkarree und *foie gras* bestellen, sondern um uns in einen der kleinen Salons der Bar des legendären *train bleu* zurückzuziehen.

Und dann diese Frage. »Und wenn wir uns geliebt haben, wird es dann aufhören?« Ich wusste genau, was du meintest. Wird diese Sehnsucht, diese mich völlig auffressende Sehnsucht, dann aufhören? Ich weiß es nicht. Hier im Train Bleu hat alles seinen Lauf genommen, an einem Tag im Oktober. Hier an diesem Ort, der mit dem goldenen Stuck, den üppigen Kristalllüstern und den monumentalen Skulpturen, Gemälden und Holzvertäfelungen eine Hommage an den legendären, dunkelblauen

Luxuszug der CIWL sein soll, der ab 1922 Calais mit der französischen Riviera verband und offiziell Calais-Mediterranée-Express hieß. An jenem Tag im Oktober entfaltete der Ort um mich herum, den ich schon von etlichen Besuchen kannte, seine Magie auf wundersame Weise – es lag an deiner Ankunft. Als du kamst, saß ich an einem etwas niedrigen Tisch in dem mit kleinen Nischen versehenen Salon, der dem Restaurant als Café und Bar dient. Ich konnte dich genau beobachten, wie du am Eingang mit dem Kellner sprachst. Deine dunklen Haare, deine große Statur, der schwarze Trenchcoat. Dein selbstbewusster Gang und dein unsicherer Blick. Ich wusste, du suchtest nach mir. Du hofftest, ich säße schon hier. Ich zog kurz mein schwarzes Kleid in Richtung Knie, warf meinen dünnen Schal über die Schultern und griff ein letztes Mal in meine langen, blonden Haare. Unser erstes Treffen war inszeniert, fast bis ins letzte Detail. Doch ein paar Gesten, die ersten Sekunden unseres Aufeinandertreffens hat alle Inszenierung zunichtegemacht. Ein Lied von ZAZ schlich sich in meinen Kopf. Sie sang von zwei Menschen, die jeweils ein eigenes Leben haben und sich dennoch treffen und sich lieben, tief und innig. In ihrem Lied schafft es diese Liebe, das Leben des anderen nicht in Frage zu stellen. Nach einem gemeinsamen Wochenende fuhren beide zurück in ihr altes Leben, erfüllt. So sollte es bei uns sein, sagte ich mir, während ich im Salon des Train Bleu auf dich wartete wie in einem *quai d'embarquement* eines Mittelmeerhafens, mit einer Mischung aus Meeresrauschen und dem Tönen der Zugpfeifen in den Ohren. Nichts in Frage stellen. Du würdest danach zu deiner Frau und den drei Söhnen zurückkehren. Ich zu meinem Mann und den Kindern. Das sollte so stehen bleiben, unberührt, unangetastet. Das Lied gab mir die Gewissheit, unser Tun stelle nichts in Frage. Im Nachhinein denke ich: Warum konnte ich so etwas glauben?

Erinnerst du dich nicht, dass wir uns, mit dem Cocktail namens *Train Bleu* in der Hand, sagten, dass wir nichts ändern wollen? Ich hatte keine Ahnung, welche Konsequenzen es hatte. Denn ich habe mich in dich verliebt. Es begann damals im Train Bleu, mit dem verbalen Hin und Her, dem Dialog, der scharf und schnell war. Heute erinnerst du dich wehmütig daran, wie gut es war. Lass diesen Satz nochmal klingen: Wie gut es war. Die Ähnlichkeiten zwischen uns. Und die Intensität. Diese Intensität hat uns umgehauen, uns völlig niedergestreckt. Weißt du, was es heißt, wenn man tagelang nichts essen kann, weil man gar keinen Hunger verspürt, weil man komplett gesättigt ist von diesem Gefühl? Ich hätte einfach platzen können. Mir fehlen die Worte. Stünde ich heute erneut vor der Entscheidung, ich würde nicht anders handeln.

In diesem Augenblick im Train Bleu, wir saßen uns am Tisch gegenüber und unsere Hände lagen nur aneinander, deine leicht gebräunte, große Hand neben der meinen. Wir beide fühlten es und starrten unsere Hände an, die so nebeneinander lagen und sich offensichtlich zu berühren hatten. Kurz vorher hatte ich vom rot flackernden Feuerschein auf Emma Bovarys Ferse gesprochen, an die ich mich beim Betrachten unserer Kerze am Tisch erinnerte. Wie leichtsinnig von mir! Unsere Hände lagen immer noch aneinander und später meintest du, wie gerne du meine genommen hättest. Und ich weiß noch, wie es plötzlich ganz still wurde in jenem trubeligen Salon der Gare de Lyon, die einem alten *Buffet de gare* ähneln sollte und beim Bau doch so luxuriös wie ein Erste-Klasse-Abteil des Orient-Express wurde. Es war der Moment, in dem noch nichts entschieden war. Wir hätten es dabei belassen können. Unsere Geschichte. Genau hier hätten wir aufhören können. Der Kellner wäre zu uns gekommen, hätte nach einem weiteren Kaffee gefragt und nach dem Bezahlen der Rechnung wärst du abermals in ein Taxi gestiegen und ich in meinen Zug, wir wären in unser eigenes, eigentliches Leben zurückgekehrt. Doch die Bewegung deiner Hand hat auf einmal alles geändert. Manchmal möchte ich die Uhr zurückdrehen bis zu diesem Moment, wo der Kellner ein bisschen zu spät kam, sodass deine Hand noch Zeit hatte, meine zu berühren. Er konnte zusehen, wie du dich auf einmal erhobst, um zu mir auf die lederbezogene Bank zu kommen. Ich saß in der Ecke rechts vom Eingang, erinnerst du dich? Die kleine Lampe beleuchtete diskret die kleine Picasso-Replik über dem Tisch und ich spürte zum ersten Mal deinen Körper neben dem meinen. Du hast mich geküsst. So viel Gefühl kann man nicht ertragen, so heimlich und *en secret.* Du hast gelächelt und geträumt. Es war im *train bleu.* In zehn Jahren sehen wir uns dort wieder, hast du gesagt, weißt du es noch?

Tipp:
Der Cocktail *train bleu* besteht aus Sekt, Cognac und Ananassaft.

VIERZEHNTES ARRONDISSEMENT

Trinité française mit auvergnatischem Einschlag

MAISON PÉRET
6 rue Daguerre
75014 Paris

Als hätte der Himmel seine Schleusen direkt über uns geöffnet: Der Regen ist so heftig, dass Jean-Luc kurzerhand seinen Trenchcoat auszieht und schützend über unsere Köpfe hält. Wir werfen einen raschen Blick in die rue Daguerre, um herauszufinden, welches Café am schnellsten erreichbar ist, und hüpfen gemeinsam über die Regenpfützen, die der Starkregen schnell entstehen lässt, durch die Fußgängerzone. Kurz darauf stehen wir unter der Markise des Maison Péret, schütteln uns die Regentropfen aus den Haaren und schauen erstaunt über die Heftigkeit der Naturgewalt nach oben in den sich immer weiter verdunkelnden Pariser Himmel.

Wir gehen hinein, setzen uns an einen der vielen freien Tische und freuen uns, im Trockenen und Warmen zu sein. Die Karte verspricht eine wunderbare *truffade au Cantal* und *saucisse fraîche d'Auvergne au couteau.* Jean-Luc, ein *bon vivant* der besten Sorte, grinst mich an und ich ahne, dass es bei einem Espresso nicht bleiben wird. Wir sind in einem Lokal mit guter klassisch fran-

depuis 1908
Maison
Péret
Brasserie
Café
Maison Péret
CAVE PER
Berthillon

zösischer Bistroküche mit auvergnatischem Einschlag gelandet. Das hat der Regengott wohl so gewollt. Und da er sich draußen noch heftig austobt und das Wasser wie aus Kübeln über das urbane Paris ausschüttet, bestellen wir die Speisekarte rauf und runter und trinken dabei einen guten roten Brouilly vom Château Thivin. Vielleicht sind wir auch schon beim zweiten oder dritten Glas Brouilly, auf jeden Fall macht der spontane, ungeplante Besuch im Maison Péret mit Jean-Luc viel Spaß.

Bald merken wir, dass das Café im Viertel eine kleine Institution ist. 1908 wurde es von einem gewissen François Péret als kleines *bougnat* eröffnet. Bougnats nannte man nicht nur die Menschen, sondern auch die Holzkohlecafés, die im 19. Jahrhundert oft von den Einwanderern aus der Auvergne betrieben wurden und in denen die Männer Kohle und Holz verkauften, während die Frauen Kaffee ausschenkten. Das Bougnat von Péret war berühmt für seine *tripoux*, ein Gericht aus kleinen Bündeln Schafskutteln, die mit Lammfüßen, Bries und verschiedenen Kräutern und Gartengemüse gefüllt sind, das aber Erik – der jetzige Chef und ein Nachfahre von Eric Péret in vierter Generation – mit der Übernahme im Jahr 1994 von der Karte gestrichen hat, wie ein *habitué* uns gegenüber bedauert. Dennoch sei man der kulinarischen Tradition *de terroir* und vor allem den Weinen aus der Auvergne treu geblieben, bemüht sich Erik sofort zu betonen. Daran erinnere beispielsweise die Bezeichnung als *bistrot à vin*, die sein Vorfahre dem Haus 1957 verliehen hat: »*On est un bistrot à vin, hein!*«

Im Gegensatz zu Jean-Luc bestelle ich weder *cuisses de canard* noch *escargots gros de Bourgogne,* sondern begnüge mich mit dem leckeren Landbrot, *pain Poilâne,* mit einem Hauch von Butter. Erik wundert sich über meine Bestellung so sehr, dass er mir noch eine kleine Auswahl Käse dazustellt. *Pain, vin, fromage* als *trinité française*, ich verstehe Eriks Augenzwinkern und dass er als guter Gastgeber seinen Gast nicht so auf dem Trockenen sitzen lassen möchte. Er schaut einen nicht unbedingt an, wenn er großzügig nachschenkt, sondern verschwindet rasch unter seinem Gewölbe in die hinteren Räume seines *bistrot à vin* und lässt uns alleine. So entdecken wir noch diverse Requisiten aus dem frühen 20. Jahrhundert: aufwendige Intarsienarbeiten oder alte Grafiken in Rahmen und Tafeln, auf die mit Kreide das Menü von heute per Hand geschrieben steht. Wir kommen wieder.

Ein Lammcurry für zwei Jean-Pauls

LA COUPOLE
102 boulevard du Montparnasse
75014 Paris

Paris ist ruhig, sehr ruhig. Fast lautlos geht es am boulevard du Montparnasse, Hausnummer 102, zu. Zwar ist das Café endlich wieder geöffnet, nachdem es wegen der Corona-Pandemie lange geschlossen war, und die Terrasse ist sogar größer als zuvor. Doch nur wenige Touristen lassen sich nieder, nur wenige Geschäftsleute legen hier zwischen zwei beruflichen Terminen eine Pause ein. Und so wirkt das Coupole etwas verkatert wie nach einer durchzechten Nacht, etwas unaufgeräumt wie nach einer Party im eigenen Wohnzimmer, etwas scheu und empfindsam wie junge Leute, die sich gerade erst kennenlernen. Die vielen Monate, in denen ich tagtäglich von meinem Arbeitsplatz auf die geschlossene Terrasse hinüberschauen musste, waren eine Qual. Wann würde das Coupole wieder öffnen, fragte ich mich jedes Mal.

Der Verkehr hat abgenommen, ab und an flitzen Fahrräder vorbei und nutzen den gesamten 21 Meter breiten Boulevard, um die Autos selbstbewusst zu überholen. Seit seiner Eröffnung im Jahr 1927, mitten in den *années folles*, durch Ernest Fraux und René Lafon, zwei Schwäger aus der Auvergne, hat sich im Coupole nicht viel verändert. Es hat schon einiges erlebt und überstanden,

la Fine
CADORET

nun also auch eine Pandemie. Die Touristen werden wiederkommen, ebenso die treuen Stammgäste wie der Kultschauspieler Jean-Paul Belmondo, der hier tausend Mal diniert hat, wie er beim 90. Jubiläum des Coupole stolz erzählte. Die einen werden ein kleines Stück Geschichte suchen, eine Erinnerung an die Zeit, als Bohèmekünstler dem Lokal im Tausch gegen ein warmes Abendessen eine Leinwand überließen. Die anderen werden sich einfach nur wohlfühlen in dem immergleichen Art-déco-Dekor mit den bemalten Säulen, die wie Kunstwerke im Museum konserviert werden, und immer das Gleiche aus der Karte bestellen. Ein Lammcurry zum Beispiel, die Spezialität des Hauses, das in den 1930er-Jahren unter Fanfaren von einem in folkloristischer Ländertracht gekleideten Inder auf einem Wagen eingefahren und serviert wurde, was heute unglaublich erscheint.

Den Boulevard säumen von Nordwest nach Südost die Lokale Le Select, La Coupole, Le Dôme und La Closerie des Lilas – würden sich alle auf derselben Seite des Boulevards befinden, würden sie sich wie Perlen an einer Schnur hintereinanderreihen. La Coupole von 1928 ist fast so alt wie Le Select, das 1923 eröffnet wurde und das erste Etablissement war, das die ganze Nacht geöffnet hatte. In der Nummer 103, also schräg gegenüber, wurde 1908 die Schriftstellerin und Philosophin Simone de Beauvoir geboren. Oberhalb der Rotonde und gegenüber des Dôme begegnete de Beauvoir mit 21 Jahren Jean-Paul Sartre, der sein Leben lang im Coupole einen silbernen Serviettenring auf dem Tisch Nummer 149 sein

Eigen nannte. Ich weiß nicht, ob es hier oder im Flore war, wo Sartre sich an den Tisch setzte, einen Kaffee bestellte, sich eine Zigarette anzündete, seinen Kugelschreiber zog und anfing, zu schreiben. In seinem philosophischen Hauptwerk *Das Sein und das Nichts* wählte er auf jeden Fall einen *garçon de café*, um seine sehr persönliche Sicht auf das Thema der Unaufrichtigkeit oder Selbsttäuschung zu veranschaulichen. Unglaublich schnell und fast im Rausch schrieb er sich seine Ideen von der Seele, beobachtete dabei mit scharfem Auge immer wieder die zu den Gästen eilenden und mit Bestellungen abzischenden *garçons*, beurteilte und bewertete ihre für seinen Geschmack viel zu schnellen, viel zu agilen, viel zu gestellten Gesten, um zu befinden: Er spielt, er amüsiert sich, er stellt nach. Wer? Ein *garçon de café.*

Sartre hat sicher recht gehabt. Auch heute genießen die *garçons* einen exzellenten Ruf: als überhebliche und arrogante Wesen und dass sie sich ihrer Reputation bewusst sind und nichts dagegen tun, mache sie nur noch unausstehlicher, als sie ohnehin schon sind – ein paar wenige, sehr liebenswerte Ausnahmen bestätigen natürlich die Regel. Dabei werden die Kellner sicher nur falsch verstanden, denn sie sind elegant und stolz, besitzen eine natürliche Autorität und durchaus ein unbestreitbares Wissen.

Im Coupole trafen sich schon immer Menschen aus aller Welt, Intellektuelle und Künstler aller Art, Schauspieler und Schriftsteller. In der Anfangszeit des Coupole explodierte regelrecht das Interesse an Kunst und Literatur und der Freiheitsdrang war groß. Die *garçonnes* waren die ersten Frauen, die sich ans Steuer setzten, ohne beschimpft zu werden und am boulevard du Montparnasse stolz ihr Auto vor dem Coupole einparkten, um etwas trinken zu gehen.

FÜNFZEHNTES ARRONDISSEMENT

Der Duft des Baskenlandes unweit des Eiffelturms

AU DERNIER MÉTRO
70 boulevard de Grenelle
75015 Paris

AU MOKA
92 boulevard de Grenelle
75015 Paris

Das Café mit dem Blick auf die höher gelegene Metrostation Dupleix, in dem Charline immer in ihren Mittagspausen ihre Schwester trifft und sich durch die baskischen Spezialitäten des Chefs probiert, ist eine typische *bar de quartier.* Die Bewohner des Viertels haben es rasch angenommen, als es Jean Laffargue, ein ehemaliger Rugbyman und Fan des Rudersports von Bayonne, im Jahr 1992 übernommen und umgebaut hat und es mit Verweis auf die letzte Metro gegenüber – und nicht, wie viele annehmen, auf das französische Filmdrama von François Truffaut aus dem Jahr 1980 mit Catherine Deneuve und Gérard Depardieu in den Hauptrollen – in *Au Dernier Métro* umtaufte. »Früher hieß es Le Saint-Brieuc, weil die Vorgänger Bretonen waren«, erzählt Charline, ein *axoa de veau* auf dem Teller vor sich, eine der vielen

Spezialitäten, mit denen Jean sich Duft und Geschmack des Baskenlandes nach Paris und in dieses Café nur ein paar Gehminuten vom Eiffelturm entfernt geholt hat. »Witzig, wie sich die Cafébesitzer oft auch ein Stückchen Heimat um sich herum bauen«, bemerkt Charlines Schwester mit Blick auf die Karte.

Am Abend, wenn die Geschäftsleute und Touristen das Viertel verlassen, gehört es wieder ganz den Einheimischen, die sich hier gern vor, nach und während eines Rugbymatchs versammeln – und zwar gern mit einem Glas Irouléguy, dem Wein aus der äußersten Südwestlage Frankreichs, 50 Kilometer südöstlich von Bayonne. Rugby ist omnipräsent im Dernier Métro, wie in vielen anderen Pariser Bistros auch, die manchmal sogar den Lieblingssport im Namen tragen, Rugbymannschaften zu Gast haben oder sich die »Werte« des in Frankreich so beliebten Mannschaftssports zu eigen machen. Jean hat es zum Beispiel geschafft, die Gastfreundschaft, das gute Essen aus dem Südwesten und das Duzen in seinem Lokal zur Regel zu machen. »Das Duzen fällt einem gar nicht schwer«, meint Charline, »es ist so eng hier, dass man automatisch mit den Tischnachbarn ins Gespräch kommt. Ich habe hier schon nette Bekanntschaften gemacht.« Sie zwinkert ihrer Schwester zu, »Hauptsache, man verfällt nicht ins Raufen, Kicken, Attackieren oder Drängeln wie auf dem Platz!« Beide prusten laut los und fühlen sich an dieser kleinen Ecke des boulevard de Grenelle plötzlich wie in einer Dorfkneipe. Für den obligatorischen *café* nach dem Essen

LE VIN DE TABLE DES CONNAISSEURS
LE CEP VERMEIL
BIÈRES
JEANNE D'ARC
ICE COLD SOLD HERE
Veedol
SUZE
CAFÉS
MARTEL
MOKA D'ARABIE
BIÈRES
LA SEMEUSE
BERGER
CHOCOLAT
Poulain
CONFISERIE
PARIS
MATCH
MARIE CLAIRE
LES VINS
TROIS AS
PÊCHEUR
au Dernier Métro

ziehen die Schwestern allerdings weiter, ins Moka, 92 boulevard de Grenelle, ein Eckcafé, das schon in der dritten Generation von Aveyronnais in bester Pariser Caféhaustradition geführt wird und einfach den besseren Kaffee serviert.

ACHTZEHNTES ARRONDISSEMENT

Gesprächsfetzen der Cafés von Montmartre

LE PROGRÈS
7 rue des Trois Frères
75018 Paris

CAFÉ DES DEUX MOULINS
15 rue Lépic
75018 Paris

LA MAISON ROSE
2 rue de l'Abreuvoir
75018 Paris

Riesig hohe holzumrandete Glasvitrinen lassen den Blick von innen auf das Straßentheater außen frei, andererseits erlauben sie auch den Blick von außen hinein auf das junge Publikum, das sich abends zu Cocktails und Bier trifft, wenn die tagsüber hier weilenden Touristen weg sind. Wer einen Platz ergattert, ist umhüllt von Gesprächslärm, Fetzen der Unterhaltungen fliegen durch die Luft und erreichen einen manchmal und reißen einen aus der Träumerei heraus, in die man sich begeben hat. Es hat etwas Tragendes, dieses laute Gemurmel, aus dem nur ab und zu etwas zu verstehen ist. *»Ah ben* *non, moi, je lui ai dit qu'il n'en était pas question!«*, behauptet laut eine der jungen Frauen und gestikuliert mit ihren Händen, um ihren Worten Kraft zu verleihen. »*Mais si, je te dis qu'elle était verte!«*, spricht eine andere. Verte? Was war wohl grün? Die Maus im lustigen Kinderlied *Une souris verte qui courait dans l'herbe*? Eine Kollegin blass vor Neid? Ein Salamanderweibchen? Nicolas weiß nicht mal, ob sie grün sind, und versucht sich Geschichten daraus zu reimen, es gelingt ihm nicht. Dafür hält er sich an seinen Rosé, neigt das Glas in Richtung Deckenlampe, das durch die angenehme Cafébeleuchtung noch sonniger wirkt, und wird von der Patronne angesprochen, der genau zwei Gesprächsthemen für eine Unterhaltung mit ihm, der scheinbar einzigen einsamen Seele im Café, einfällt, Rosé oder die Beleuchtung, in der sein Rosé schimmert. Sie wählt die Beleuchtung, das Roséthema hebt sie sich für spätere Stunden auf.

»Weißt du überhaupt, warum wir hier Le Progrès heißen?«, fragt sie Nicolas, der sich überrascht umdreht. Er hat nicht erwartet, angesprochen, erst recht nicht geduzt zu werden, und weiß nicht, was er davon halten soll, eigentlich wollte er seine Ruhe haben. »Die Tageszeitung *Le Figaro* betitelte 1881 die Glühbirne als *lampe merveilleuse*, die wunderbare Lampe. Das erste Café, das Strom bezog, nannte sich in Le Progrès um, der Fortschritt. Und das haben wir als Anlass genommen, uns Le Progrès zu nennen, weißt du. Diesen Namen teilen wir mit vielen anderen Bars und Cafés in Frankreich, die sich so nannten.« Während sie hinter ihrer Theke, an der Nicolas sitzt, seelenruhig ihre Weingläser mit einem weißen Tuch abtrocknet, breitet sie die Hintergründe des Hauses vor ihm aus. »*Le progrès* ist präsent im Süden wie in Mittelfrankreich, nicht nur in großen Städten, sondern vielerorts auch in Dörfern und Kleinstädten. In der Zeit, als nach New York auch Frankreichs Hauptstadt Paris mit Strom versorgt wurde, ist auch unsere *butte Montmartre* mit ihren engen Straßen am Start, nicht nur die feinen Avenues.« Sie dreht sich gläsertrocknenderweise immer zwischen Theke und den hinteren Regalen, auf denen sie die fragilen Gefäße auftürmt, hin und her und achtet dabei gar nicht darauf, ob Nicolas zuhört und bei ihr ist, und fährt fort: »Mit der Beleuchtungsinstallation rund um die *première exposition internationale d'électricité* machte Thomas Edison von sich reden. Du weißt schon, der Amerikaner!« Bei der Bemerkung hebt sie ihre Augenbrauen hoch. »Der schwärmte, dass endlich der Gasbeleuchtung ein Ende bereitet würde und damit dieses ›ungesunde‹ Licht und auch die Hitze, die mit ihr verbunden war. Ich kann es mir gar nicht vorstellen, wie unser Progrès früher mit Gasbeleuchtung ausgesehen hätte!« Die Patronne fährt fort, doch Nicolas lässt einen Schein auf der Theke liegen, steht auf und verlässt das Lokal.

Von der rue des Trois Frères aus, in der sich ein Gebäude aus dem 19. Jahrhundert nach dem anderen aneinanderreiht, kommt er auf die rue Durantin, anschließend direkt in die Mitte der sich schlängelnden, engen rue Lépic, Ecke rue Cauchois, in deren Mitte sich das Café

DOIT

des Deux Moulins befindet, das Café, in dem Amélie – gespielt von Audrey Tautou – im Film *Die fabelhafte Welt der Amélie* gearbeitet hat. Auch, wenn es inzwischen touristisches Ziel der Pariser Anhöhe geworden ist, was die Anwohner mit Argwohn betrachten, geht er gerne hierher, um eine Crème brûlée zu essen. Die hat sich der Drehbuchautor beim Schreiben im Café hinzugewünscht, denn es gab sie vor dem Film nicht. Nicolas findet, das ist ein wunderbarer Zugewinn, wie auch sonst viel an diesem Café, wenn man vom im Film wohl eine Rolle spielenden Gartenzwerg absieht, der hier auf der Toilette steht. Es gibt keinen Pfad an Montmartre, der nicht ausgetreten wäre, aber Nicolas findet in seinem Viertel immer etwas zum Verweilen. Wenn er hier oben auf seiner *butte* ist, dann erwartet ihn ein Gemisch aus Dorfcharakter und touristischem Ambiente. Die rue Lépic ist dennoch liebenswert und in den großen Zügen einfach geblieben mit ihren kleinen Geschäften. Nicolas genießt sein Dessert zu später Stunde mit einem Espresso und kehrt nach Hause zurück, in das rosa Haus rue de l'Abreuvoir. Er wohnt in einem ähnlich rosa Haus wie das bekannte, *maison rose* genannte und bei Touristen beliebte Café in derselben Straße und geht anschließend schlafen.

Yves' und Margories Donnerstagnachmittage in den Gärten des Montmartre

CAFÉ RENOIR
12-14 rue Cortot
75018 Paris

Nur noch zwei Schritte bis zum *sommet de la butte Montmartre*, dem Gipfel des Hügels mit seinem berühmten Platz. Die Sonne steht heiß am Himmel, kein Wölkchen ist zu sehen. Nur noch zwei Schritte bis zur place du Tertre. Yves schnauft ganz schön und wünscht sich ein paar Jahre jünger und dynamischer. Es sind schon einige Höhenmeter von der Metrostation aus zu überwinden, aber nun ist es nicht mehr weit. Das Musée de Montmartre mit seinen Jardins Renoir thront ganz oben und überragt Paris. Wie Baumwipfel, denkt Yves. Bald ist er bei der kleinen rue Cortot und den drei Renoir-Gärten, die das Museum einrahmen. Geschafft, Yves ist da.

Inmitten von Obstbäumen, Mandel-, Flieder- und Rosensträuchern und mit dem Blick auf die Weinberge von Montmartre bestellt er sich einen Tee und versucht die Erinnerung an jene Nachmittage wachzurufen, die er hier mit Margorie verbrachte. Margorie, die ihn und Paris eines Tages mit zu wenigen Erklärungen und zu vielen offenen Fragen hinter sich ließ. Hier, im Café Renoir, das im *manoir de Rosimond* untergebracht ist, einem der ältesten Häuser der *butte de Montmartre*, nahm ihre Geschichte ihren Anfang. Yves hält den für die Jahreszeit viel zu warmen Tee in den Händen und erinnert sich. Margorie – ihr Lächeln, ihre langen braunen Haare, ihr ungewöhnlicher gelber Mantel und ihr viel zu langer, selbstgestrickter Schal. Senfgelb, Grau, Elfenbein. Er hatte sie wegen dieser Farbwahl immer aufgezogen, was ihm gar nicht zustand, war er doch farbenblind, und die Farben, wie Margorie beteuerte, ganz *en vogue*. Er hatte keine Ahnung. Wie er überhaupt von vielem keine Ahnung hatte, was Margorie betraf. Im Café Renoir bestellte sie sich immer und zu jeder Jahreszeit denselben Tee, lächelte die Bedienung, die ihr die Tasse reichte, an, mit diesem Lächeln, das jeden zu verzaubern vermochte. Seine Farbenschwäche war ihr erstes Gesprächsthema, als sie beide vor dem Gemälde *Moulin rouge* von Toulouse-Lautrec standen, ganz in ihre Betrachtung vertieft und doch durch das Werk miteinander verbunden. Er fragte sie, wo genau das Rot vom *Moulin rouge* sei, worauf sich Margorie sofort zu ihm drehte und er sich ihrer Aufmerksamkeit sicher war. Es folgten Stunden in den Renoir-Gärten, die nach den Bildern des Malers ganz idyllisch und bukolisch angelegt waren und wo sie sich zum Reden und Teetrinken verabredeten. Teetrinken ... Er hätte nie gedacht, dass Teetrinken so schön sein konnte. Im Winter saßen sie in der *verrière*, die ähnlich eines Wintergartens mit Rattanmöbeln, Antiquitäten und Grünpflanzen dekoriert war. Die Zeit schien stillzustehen in diesen Stunden mit Margorie. Verblasst und fast vergessen waren die elenden Bürositzungen, die quälenden Probleme mit dem narzisstischen Kollegen, die unerträgliche Situation zu Hause – er lebte immer noch bei seiner Mutter und hatte »den Absprung« nicht geschafft, wie er manchmal traurig selbst bemerkte. Mit Margorie im Café Renoir war das alles ganz weit weg. Sie tauschten keine Telefonnummern, keine Adressen aus. Sie hatten es nicht nötig. Denn sie hatten den Donnerstagnachmittag, an dem sie jeder unabhängig vom anderen im Café saßen, »zur selben Zeit, am gleichen Ort«, wie sie sich immer mit dem ersten Satz ihrer Begrüßung vergewisserten. Bis zu dem Tag, es war der 23. März, er weiß es noch ganz genau, als er da war, Margorie aber nicht. Sie kam nie wieder. Yves' Brust hebt sich, er seufzt tief in sich hinein und sein Blick senkt sich. Er bleibt in seinen Erinnerungen hängen, so sehr, dass er fast ihren Körper spürt und es ihm weh tut.

UND ZUM SCHLUSS:
Eine der besten Tartes

Morgens? Die etwas füllige Patronne, die stets auf ihre Lachfalten um die Augen stolz ist, lacht mich an. »Morgens sind oft wenig Leute da. Und die bestellen nur ein paar Croissants oder ein *baguette-beurre*, und dann renne ich zur nächstgelegenen Boulangerie-Pâtisserie. Wir arbeiten zusammen, einen Teil der Bäckerei darf ich sogar mitbenutzen, dort habe ich mehr Platz, um meine Sandwiches und auch die Kuchen für unsere Gäste vorzubereiten.« Morgens empfängt sie aber auch ihre Lieferanten und in der Art, wie sie von ihnen spricht, könnte man meinen, es handele sich um gute Freunde. Heute kommt einer von ihnen. »*Une petite coupe de Champagne*?«, fragt sie scherzhaft zur Begrüßung. »*Ohlala*!«, kommt als Antwort – und die Fronten sind geklärt. Während die Patronne dem Lieferanten ihre Getränkebestellung diktiert, bereitet sie ein paar Kaffees für die *habitués*, die nur rasch ihren kleinen Schwarzen genießen wollen und dafür höchstens zehn Minuten am Tresen verbringen.

Getränke, Servietten, Kaffee, Obst, Gemüse, Käse und anderes – der Bedarf an Lieferanten ist groß. Wenn die Bestellungen schnell gehen sollen, so wie jetzt, wird der Tresen zum Schreibtisch und verschwindet kurz unter Listen und Rechnungen. Heute Morgen sind doch mehr Menschen da als erwartet. Gleich kommt auch noch der Gaslieferant herein und möchte – mitten im Vormittagsgeschäft! – seinen Gasschlauch installieren. *»Ah, tu attends, toi!«*, schnauzt die Patronne ihn liebevoll an, denn der Anschluss befindet sich mitten im Raum unter einem der Tische. Ja, er wird warten, bis die Gäste gegangen sind. *»Pas grave«*, nicht schlimm, meint er und freut sich auf den *café*, den ihm die Patronne unterdessen anbietet. Ich frage mich, wie viele dieser kleinen Tassen sie am Morgen mit diesem dampfenden, schwarzen Gold wohl füllen mag.

Der Himmel verdunkelt sich und kurz darauf treibt ein Platzregen die Gäste von der Terrasse nach drinnen. Hier wird es bald eng, die Lautstärke nimmt zu, die Fensterscheiben beginnen zu beschlagen. Es ist warm. Die Patronne serviert heißen Tee und stellt die Silberkännchen auf den Marmorplatten ihrer mit Zink eingefassten Bistrotische. Die geflochtenen Bistrostühle in Rot, Beige und Schwarz stellt sie auf der Terrasse etwas enger beisammen, schaut dabei gen Himmel und vergewissert sich, dass die Regentropfen nur die Sitze der vorderen Stühle erreichen. Die rot-weiße Markise, die Regen wie Sonne abhält, schützt zumindest die dahinter.

Am Tresen hängen kleine Stoffwappen der *pompiers de quartiers*, der Feuerwehr. Die Feuerwehrstation ist nur zwei Straßen weiter, die Feuerwehrleute kommen gern vorbei und setzen sich zu dritt auf die leicht erhöhte Bank direkt am Tresen, deren rotes Leder schon glänzt von den vielen Besuchern, die hier hin- und herrutschen, um dem Tresen und somit dem Zentrum des Geschehens so nah wie möglich zu sein.

Die Patronne legt die Schiefertafel mit der *carte du jour* auf einen der Tische und ergänzt mit einem Stück Kreide die neuesten Desserts und Kuchen. Dann stellt sie die Tafel auf, schaut mit prüfendem Blick auf das Resultat und geht in die Knie, um letzte Schönheitskorrekturen vorzunehmen. Ein *habitué* kommt herein, greift sich den *Parisien* und setzt sich an einen Tisch am Fenster. *»Madame, bonjour. Un p'tit café.«* Mittlerweile hat der Patron mit Bart und Schiebermütze die Theke übernommen und versprüht gute Laune. Seine Frau verschwindet in der Küche, um sich um das Mittagessen zu kümmern. Die Tische haben Nummern, wie so oft. »Die 4!« oder »Die 5!«, ruft der Patron. Hinter der Tür künden Kino- und Theaterplakate von Premieren der Vergangenheit. Mit einem Augenzwinkern stellt der Patron ein Stück Tarte auf einem Teller beiseite. Er weiß, es ist das letzte Stück. Und nachher kommt Madame Chérond, eine Nachbarin. *Tarte aux mirabelles* – es ist ihre liebste Tarte.

ANHANG

Danksagung

Die Cafés von Paris geistert mir schon lange im Kopf herum, seit ich als Schülerin in meiner Heimatstadt Paris angefangen habe, in den Cafés nicht nur mit Freunden rumzuhängen, sondern auch zu arbeiten und zu schreiben. Später als Studentin an der Sorbonne verbrachte ich viele Stunden in den Cafés und lernte auf meine Literaturklausuren. Später, beruflich in der Welt der Verlage und der Museen gelandet, fanden und finden immer noch viele der Arbeitsbesprechungen selbstverständlich in den Cafés statt. Entsprechend habe ich heute noch meine *repères*, meine Ankerpunkte, in manchen Cafés meiner Stadt, in die ich immer wieder einkehre. In den Cafés sind meine ersten Bücher entstanden – es war klar, eines Tages versammle ich Geschichten und Cafés in einem Buch. *Die Cafés von Paris* besteht aus meiner ganz persönlichen Auswahl und ist keine eine gewisse Vollständigkeit für sich beanspruchende Zusammenstellung. Womöglich kennen und lieben Sie noch andere, es gibt Hunderte. Ich lade Sie ein, meine Cafés durch meine fiktiven und echten Geschichten kennenzulernen!

Man ist nie ganz alleine in einem Café, so wie man auch nie alleine ein Buch macht. Mein Buch *Die Cafés von Paris* hat viele Mitgestalter, bei denen ich mich bedanken möchte, die mich dazu inspiriert haben, die mir den einen oder anderen wertvollen Tipp gegeben haben, die ich in den Cafés getroffen habe und mir wertvolle

Quellen waren, allen voran bei den Cafébesitzern, aber auch den verschiedenen Cafégästen aus den Bereichen Schauspiel, Politik, Theater, Museum und Literatur. Ich danke meinen Lektorinnen Gesine Dammel und Franziska Berninger und meiner Agentin Beate Riess für die Unterstützung und meiner Fotografin und Freundin Marie Preaud, die wieder einmal unser »dream team« bewiesen hat bei der Umsetzung meiner Gedanken in Fotografien und die durch Paris zu »meinen« Cafés getingelt ist. Ich danke meiner Familie und meinen Freunden, die mich in der Recherchephase und später, als ich schrieb, immer wieder ermuntert haben. Ein besonderes Danke an Steve für seine Ermutigung und seine Liebe und an meine beiden Kinder Amandine und Joël, dafür, dass es sie gibt.

Register

Aki Boulanger 53
Au Chien qui fume 26
Au Dernier Métro 229
Au Moka 229
Au Rocher de Cancale 59
Bar de l'Entracte 17
Bar du Moulin 73
Bar Hemingway 36
Bistrot Vivienne 55
Boot Café 80
Bouillon Julien 196
Brasserie Lipp 119
Café Angelina 91
Café Campana 168
Café de Flore 125
Café de l'Est 201
Café de la nouvelle Athène 189
Café de la Paix 191
Café de la Rotonde 130
Café des Beaux Arts 152
Café des Deux Moulins 239
Café du Petit Palais 172
Café Fleurus 165
Café Kitsuné 44
Café Laurent 139
Café Le Nemours 31
Café Marly 22
Café Renoir 238
Café Shakespeare & Company 105
Café Tournon 156
Carette 75
Chez Julien 89
Delaville Café 205
L'Amour vâche 196
L'Ébouillanté 101
L'Imprimerie 48
La Closerie des Lilas 134
La Coupole 224
La Maison Rose 233
La Palette 110
Le Balto 147
Le Bistrot du Peintre 209
Le Café du Centre 64
Le Café Jacquemart-André 181
Le Fouquet's 177
Le Grand Café 184
Le Harry's New York Bar 69
Le Procope 161
Le Progrès (3. Arr.) 85
Le Progrès (18. Arr.) 233
Le Saint-Régis 97
Le Sarah Bernhardt 93
Le Select 142

Le Train Bleu 214
Les Deux Magots 114
Maison Péret 220
Moulin de la Vierge 73
Salon Proust 36

Legende

1. Bar de l'Entracte
2. Café Marly
3. Au Chien qui fume
4. Café Le Nemours
5. Bar Hemingway & Salon Proust
6. Café Angelina
7. Café Kitsuné
8. L'Imprimerie
9. Aki Boulanger
10. Bistrot Vivienne
11. Au Rocher de Cancale
12. Le Café du Centre
13. Le Harry's New York Bar
14. Moulin de la Vierge & Bar du Moulin
15. Carette
16. Boot Café
17. Le Progrès
18. Chez Julien
19. Le Sarah Bernhardt
20. Le Saint-Régis
21. L'Ébouillanté
22. Café Shakespeare & Company
23. La Palette
24. Les Deux Magots
25. Brasserie Lipp
26. Café de Flore

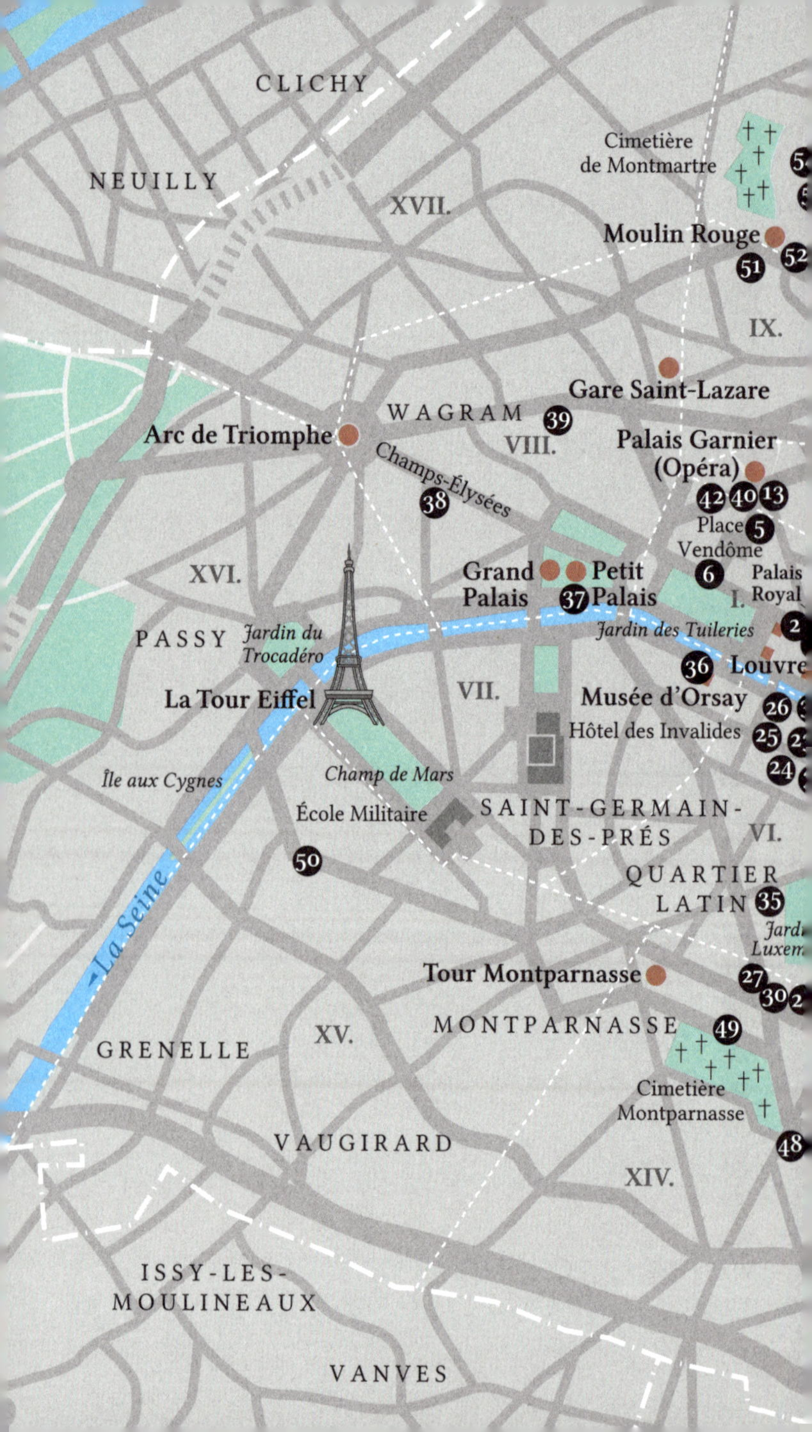
CLICHY
NEUILLY
XVII.
Cimetière
de Montmartre
Moulin Rouge
51
52
IX.
Gare Saint-Lazare
WAGRAM
39
Arc de Triomphe
VIII.
Palais Garnier
(Opéra)
Champs-Élysées
38
42
40
13
Place
5
Vendôme
XVI.
Grand
Palais
Petit
Palais
37
6
Palais
Royal
I.
PASSY
Jardin du
Trocadéro
Jardin des Tuileries
2
36
Louvre
La Tour Eiffel
VII.
Musée d'Orsay
26
Hôtel des Invalides
25
24
Île aux Cygnes
Champ de Mars
École Militaire
SAINT-GERMAIN-
DES-PRÉS
VI.
50
QUARTIER
LATIN
35
La Seine
Tour Montparnasse
27
30
MONTPARNASSE
49
XV.
GRENELLE
Cimetière
Montparnasse
48
VAUGIRARD
XIV.
ISSY-LES-
MOULINEAUX
VANVES

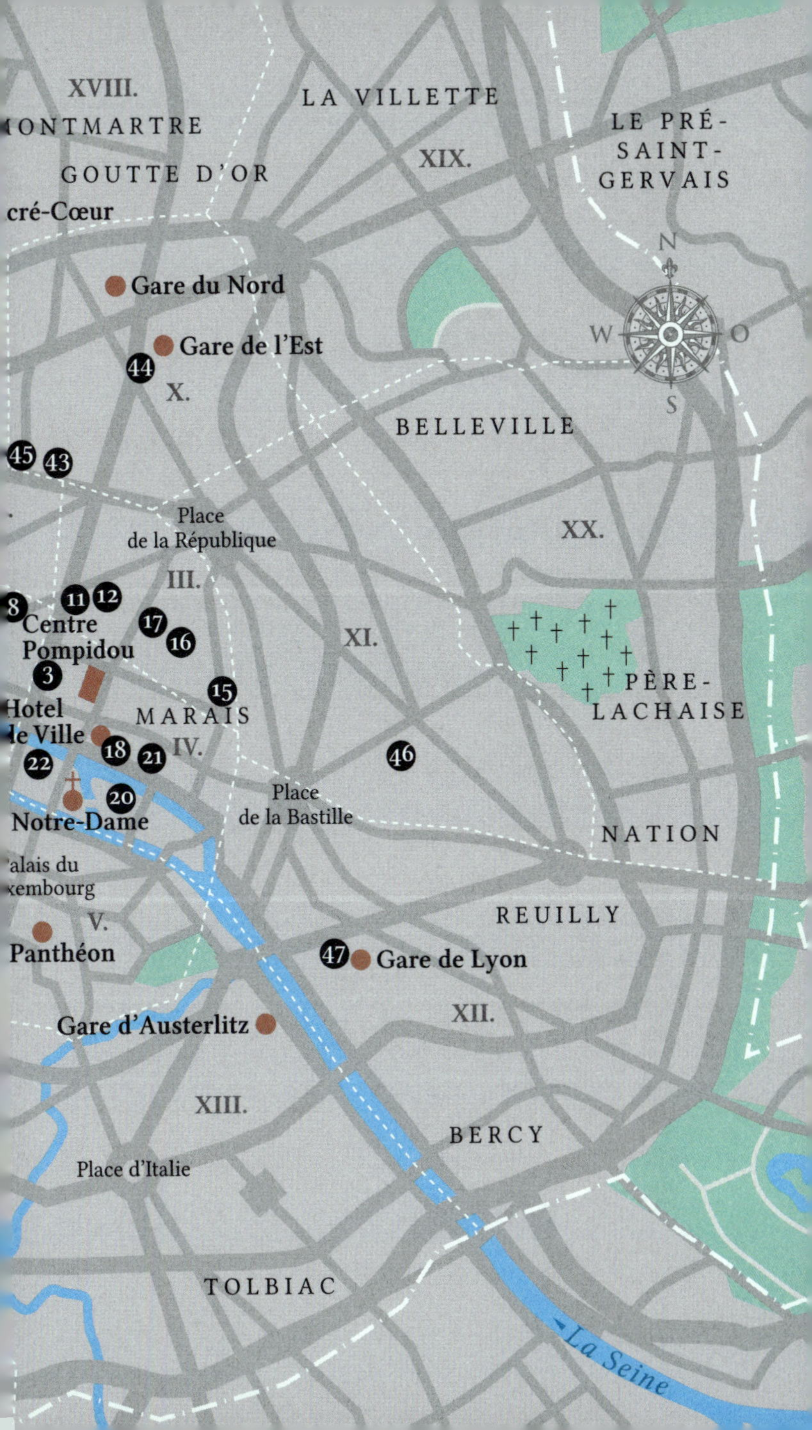

XVIII.
MONTMARTRE
GOUTTE D'OR
LA VILLETTE
XIX.
LE PRÉ-SAINT-GERVAIS
Sacré-Cœur
Gare du Nord
Gare de l'Est
44
X.
N
W
O
S
BELLEVILLE
45
43
Place de la République
XX.
III.
8
11
12
17
16
Centre Pompidou
XI.
3
15
PÈRE-LACHAISE
Hotel de Ville
MARAIS
IV.
18
21
22
46
20
Notre-Dame
Place de la Bastille
NATION
Palais du Luxembourg
REUILLY
V.
Panthéon
47
Gare de Lyon
XII.
Gare d'Austerlitz
XIII.
BERCY
Place d'Italie
TOLBIAC
La Seine

27 Café de la Rotonde
28 La Closerie des Lilas
29 Café Laurent
30 Le Select
31 Le Balto
32 Café des Beaux Arts
33 Café Tournon
34 Le Procope
35 Café Fleurus
36 Café Campana
37 Café du Petit Palais
38 Le Fouquet's
39 Le Café Jacquemart-André
40 Le Grand Café
41 Café de la nouvelle Athène
42 Café de la Paix
43 L'Amour vâche & Bouillon Julien
44 Café de l'Est
45 Delaville Café
46 Le Bistrot du Peintre
47 Le Train Bleu
48 Maison Péret
49 La Coupole
50 Au Dernier Métro & Au Moka
51 Le Progrès
52 Café des Deux Moulins
53 La Maison Rose
54 Café Renoir